Física de la Entropía:
El Éxito

Janey Marvin

Física de la Entropía: El Éxito

Derechos de Autor © 2016 por Janey Marvin.

Tapa Blanda ISBN: 978-1-63812-204-3
Tapa Dura ISBN: 978-1-63812-206-7
Libro Electrónico ISBN: 978-1-63812-205-0

Todos los derechos reservados. Está prohibida la producción y distribución de cualquier parte de este libro en cualquier forma o por cualquier medio, electrónico o mecánico, incluyendo fotocopias, grabaciones o cualquier sistema de almacenamiento y búsqueda de información, sin el permiso por escrito del propietario de los derechos de autor.

Las opiniones expresadas en esta obra son exclusivamente las del autor y no reflejan necesariamente la opinión del editor, que por tanto declina toda responsabilidad al respecto.

2da Edición 2019 Editor – Sean Nagel
Editor Asistente – Linda Dimmick Gráficos – Wesley Swenson

Publicado por Pen Culture Solutions   03/01/2022

Pen Culture Solutions
1-888-727-7204 (USA)
1-800-950-458 (Australia)
support@penculturesolutions.com

INTRODUCCIÓN

La Teoría de la Transformación Humana Holográfica La "Entropía" tiene su origen en la Teoría de la Transformación Humana Holográfica. La Teoría de la Transformación Humana Holográfica incorpora la sabiduría de los antiguos griegos y se basa en tres simples palabras a la entrada del Templo de Delfos: Conózcase Usted Mismo.

La Teoría Humana Holográfica nos permite conocer nuestro mundo interior, nuestro yo subconsciente que ha estado dirigiendo nuestras vidas a lo largo de toda la mortalidad. Todos nuestros miedos, odios, envidias, penas, ansiedades, todo lo que creíamos que formaba parte de nosotros y del mundo. Todo lo que experimentamos como nuestra realidad, identidad, coeficiente intelectual, emoción, pensamiento, físico y todo nuestro ser es una programación subconsciente. Los griegos sabían esto, y conocían la naturaleza de los seres internos; su estructura, sus patrones y sus procesos. La Teoría Humana Holográfica y la Teoría de la Transformación son conocimientos compartidos por los antiguos griegos desde el Templo de Delfos.

He estudiado la Teoría Humana Holográfica desde 1996 después de asistir a un entrenamiento de fin de semana de Michael Miller sobre ella. Hay algo en ella que no podía dejar de leer. Investigué cada una de las palabras de su libro que recibí de la formación y que tenían que ver con la Teoría Humana Holográfica. Incluyendo palabras simples como "eso", "de", "es", "como". Investigué palabras que nunca había utilizado. Investigué en diccionarios, tesauros, escrituras, física y física cuántica. Investigué a Einstein, a Max Planck, a Thomas Kuhn y a muchos otros físicos a cuyos trabajos me condujo dicha investigación. Mi proceso de investigación consistió en reunir primero los datos de todas y cada una de las fuentes que se corresponden con mi investigación y conocimiento de las escrituras. Después de recopilar los datos de todas y cada una de las palabras, los tomé y escribí un diálogo de información a partir de dichos datos y creé teorías que se correspondían con el Humano Holográfico. Por último, practiqué y apliqué la información y las teorías a partir de los datos y el diálogo y repetí desde el primer paso de mi investigación, recogiendo cualquier nuevo dato con el que me topé durante la etapa de aplicación, lo que conduce a un mayor conocimiento.

Este libro es uno de los muchos que he escrito y seguiré escribiendo sobre el Humano Holográfico y la Teoría de la Transformación Humana Holográfica porque la información es abundante.

La Teoría del Humano Holográfico consiste en muchas naturalezas diferentes del Conocimiento de Sí Mismo: Lingüística, las neuronas-firmas del SNC, los 7 sentidos humanos, sus funciones, la inteligencia, cada órgano y sistema del cuerpo, su función abstracta y su inteligencia individual, y la naturaleza que todo esto corresponde en conjunto para hacernos el Ser. Mucho de lo que no está dirigido por la conciencia fue conocido por los antiguos griegos y se transmite en la Teoría Humana Holográfica. La Teoría Humana Holográfica le enseña a reconocer todas estas funciones subconscientes, a conocer sus inteligencias y su naturaleza. A "conocer su ser". Le enseña, junto con las técnicas que he desarrollado basadas en sus funciones, la manera de "Sanar su Ser".

Todas las funciones conscientes son para que nuestro ser perciba lo que el subconsciente le dice, lo evalúe, lo juzgue y luego decida sobre ello. Todo lo demás que hemos conocido como el Ser, es sólo un programa subconsciente. Incluso lo que el consciente llega a percibir.

He hecho esto ahora desde 1996. Tengo miles de documentos e ilustraciones; lo he enseñado como parte de nuestra clase educativa en nuestro centro de tratamiento (MATR Behavioral Health en Mt. Pleasant Utah). Estoy escribiendo libros para otros profesionales y cualquier persona interesada. He creado cientos de técnicas experienciales para aplicar la información con mayor facilidad en entornos grupales e individuales. Hago entrenamientos y capacitaciones. He trabajado en Servicios Humanos desde 1976. Tengo mi propio programa de tratamiento desde 1993. Recibí mi Master en Hipnoterapia y me certifiqué con la Asociación Internacional de Hipnoterapia Médico Dental en Hipno-anestesia en 1996. Fui una de las tres personas al oeste del Mississippi certificadas por ellos para hacer Hipno-anestesia. Tuve que aprender la estructura, los patrones y los procesos de las funciones del cerebro, de los órganos y sistemas del cuerpo y la correspondencia y las consecuencias conscientes. Al saber estas cosas entonces sólo un fin de semana de formación de Humano Holográfico me hizo saber que había más valor de lo que se había reconocido hasta entonces.

Me encanta mi trabajo. Me encanta creer que cuando una persona conoce el camino que le ayudará a convertirse en un ser más grande, lo elegirá.

"Creo en Dios, el Padre Eterno y en su Hijo, Jesucristo y en el Espíritu Santo", el Primer Artículo de Fe de la Iglesia de Jesucristo de los Santos de los Últimos Días. Creo que todos somos hijos de Dios. Creo que es Su obra y Su gloria "llevar a cabo la inmortalidad y la vida eterna del hombre".

Él nos dio a todos el Evangelio de Jesucristo de los Santos de los Últimos Días, nos creó para que volviéramos a Él para obtener la inmortalidad y la vida eterna. Creo que "un hombre no puede ser salvado en la ignorancia", D&C 131:6. Creo que "si hay algo virtuoso, hermoso o de buena reputación, procuramos estas cosas", Decimotercer Artículo de Fe de la Iglesia de Jesucristo de los Santos de los Últimos Días.

Creo que Lucifer te dará 99 verdades para que creas 1 mentira. Las escrituras son un recurso importante de mi investigación.

La Teoría Humana Holográfica y la Teoría de la Transformación Humana Holográfica enseñan sobre su ser interior, el ser que ha sido un misterio para todos nosotros durante la mayor parte de nuestra mortalidad. Las consecuencias de no conocer nuestro yo (nuestros programas subconscientes): Es la desesperación, el dolor, la enfermedad, la depresión, todos los problemas mortales ya sean mentales, emocionales o físicos son las consecuencias de no conocer nuestro yo interior.

La entropía es un aspecto de la Teoría de la Transformación Humana Holográfica. La Teoría de la Transformación Humana Holográfica es un cambio a nivel de identidad. La Teoría de la Transformación consta de cuatro aspectos: Sistemas Abiertos y Cerrados, Entropía, Totalidades (principio de Totalidad), y Saltos Cuánticos. La Física de la Correspondencia es la forma en que la naturaleza trabaja toda la vida. Se trata de cinco libros separados con Cuadernos de Trabajo, tareas y técnicas experienciales para aprender a trabajar conscientemente con el subconsciente y sus diferentes órganos, sistemas basados en sus funciones e inteligencia individuales.

La Teoría Holográfica de la Transformación Humana consiste en otros libros y otra sabiduría de los antiguos, la física y las escrituras.

La Entropía es un estándar de medida de la Energía no disponible, no capacitada, no reconocida en cualquier sistema dado que proviene del propio Potencial Energético del sistema.

La Energía no disponible aparece en el sistema como Desorden e Incertidumbre en el mismo. Este Desorden e Incertidumbre se llama Anomalías.

Ningún Desorden o Incertidumbre (Anomalías) continúa dentro del sistema cuando la Energía de la que provienen es reconocida, disponible y hábil dentro de él.

Cuando esto ocurre en el sistema, cualquier Desorden o Incertidumbre se convierte en Desorden e Incertidumbre discontinuos. En otras palabras, no continúa, se detiene.

Otras Anomalías pueden aparecer de nuevo, hasta que toda la diferencia potencial de toda la Energía en el sistema sea reconocida, disponible y capacitada para que éste sea un Sistema Completo.

Contenido

Capítulo 1   Entropía Vs Negentropía 1
Capítulo 2   Uniformidad Inerte 41
Capítulo 3   Diferencia De Potencial 47
Capítulo 4   Espacio Y Tiempo 50
Capítulo 5   Correspondencia 54
Capítulo 6   Conózcase A Si Mismo 86
Capítulo 7   Sánese A Sí Mismo 103
Capítulo 8   Estructura Para El Cambio 112
Capítulo 9   Cambio De Nivel De Identidad 119
Capítulo 10 Teoría Y Física De La Transformación
             Humana Holográfica 126
Capítulo 11 Tiempo Y Hologramas 135
Capítulo 12 Sánese A Sí Mismo 187

Capítulo 1

ENTROPÍA VS NEGENTROPÍA

SÍMBOLOS FÍSICOS DE LA ENTROPÍA

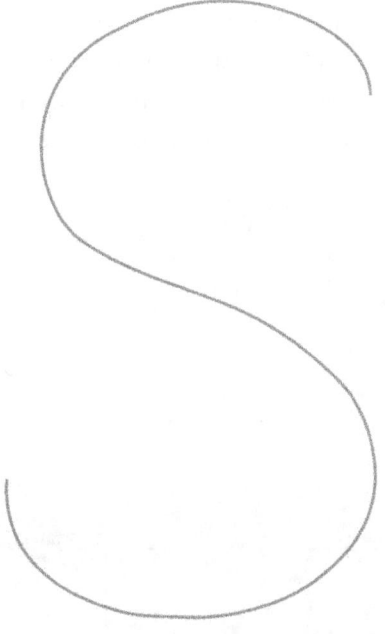

CICLO DE ENTROPÍA

La vida es un continuo reciclaje a través de altibajos, subidas y bajadas. Se basa en la idea de que "todo tiene un principio y todo tiene un final".

Esto es muy cierto aunque no considera el concepto de que todo ya existía antes de comenzar, y todo lo que termina, lo hace para comenzar otra cosa.

El gran concepto de la teoría del ciclo de la entropía se refiere a que el Desorden y la Incertidumbre de cualquier ciclo son parte del propio ciclo e indican el Potencial dentro del ciclo. La Entropía misma, admite que el Desorden y la Incertidumbre dentro de cualquier sistema dado es un resultado directo del potencial dentro de ese mismo sistema. Incluso se podría llamar a la Entropía algo así como un Karma o la Anomalía a través de la Entropía Karma al sistema.

Los Ciclos de Entropía son aspectos individualizados y/o incrementales de la totalidad de nuestras vidas, de nosotros mismos. En comparación con la Teoría del Sistema Abierto que es una vida/ser sistémico completo, el Ciclo de Entropía consiste en aspectos incrementales de nuestro todo. Si no eres un Sistema Abierto, el Ciclo de Entropía puede engañarte aún más. Para crecer, para cambiar, debemos ser capaces de conocernos a nosotros mismos y debemos ser un Sistema Abierto para poder hacer esto.

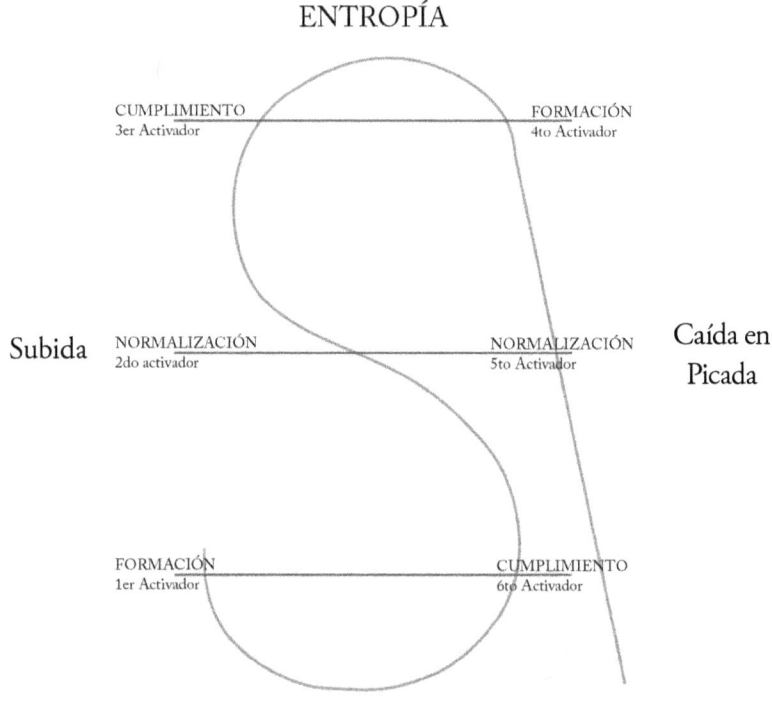

Esta es una maravillosa oportunidad para cambiar, para que nuestras vidas se llenen de mayor alegría, sabiduría, éxito y otros aspectos buenos que hemos buscado. Comprender la Teoría de la Transformación Humana Holográfica y aprender a aplicar estos conocimientos a nuestra experiencia de vida diaria puede ser un reto. Sin embargo, estar abierto al desafío es un gran aspecto del proceso de cambio.

"Conocerse a Sí Mismo, Sanarse a Sí Mismo, Conocer y Sanar a los Demás". Quizás otra forma de decir esto es: Mateo 7:4: "saca la paja de tu propio ojo antes de sacar la paja de tus hermanos".

El Ciclo de Entropía es un desorden estadístico de la Energía en un sistema determinado. Se considera que esta Energía ya forma parte del sistema desde el momento en que éste existe (comenzó). El ciclo de Entropía es una medida de la Energía no disponible en un Sistema Cerrado que también suele considerarse como una medida del Desorden del Sistema. Con respecto a un Sistema Abierto vs. un Sistema Cerrado y el Desorden e Incertidumbre, el Desorden e Incertidumbre de un Sistema Abierto se denomina Desorden e Incertidumbre Discontinuos. Este Desorden e Incertidumbre es una propiedad del estado de los Sistemas y variará en relación directa con cualquier cambio reversible en el Sistema y en relación con los factores de tiempo del Desorden de la Energía de los Sistemas que no está disponible y que causa dicho Desorden. Esto se diagrama en el Ciclo de la Entropía fácilmente usando la Teoría de la Transformación Humana Holográfica y se entiende y aplica fácilmente en la vida de las personas.

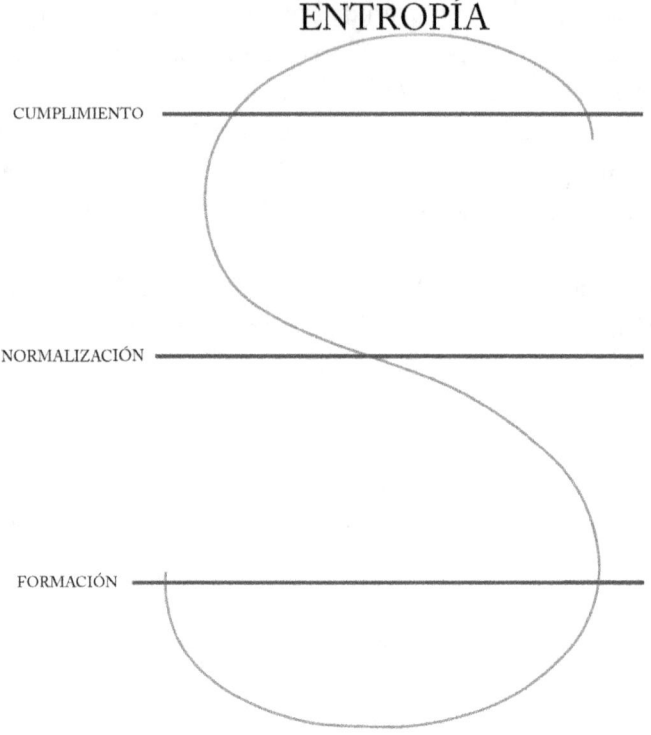

ENTROPÍA

CUMPLIMIENTO

NORMALIZACIÓN

FORMACIÓN

El Cambio Reversible dentro del Sistema se refiere directamente al Potencial de crecimiento en el propio Sistema. El Desorden y la Incertidumbre sirven para 1 propósito, y este propósito es provocar el crecimiento disponible dentro del Sistema. Una vez que se produce el crecimiento dentro del Sistema, el Desorden y la Incertidumbre se interrumpen, y el Sistema progresa y crece. Aún así, el crecimiento contiene más procesos de Desorden e Incertidumbre potenciales a medida que el sistema progresa, y el proceso vuelve a empezar y continúa. Cuando se asume una meta o un propósito y se enfrentan problemas o Desorden e Incertidumbre para lograrlo. Usted mismo tiene un mayor Crecimiento Potencial sobre esa Meta y un mayor Crecimiento Potencial sobre el Propósito original de la misma Meta. No existe ninguna otra intención para los problemas. De hecho, los problemas mismos vienen directamente de la Diferencia Potencial disponible y no reconocida que ya existe en su propósito para usted. Cuando no hay más Diferencia Potencial (crecimiento), no hay más problemas (Desórdenes ni Incertidumbres).

NEGENTROPÍA

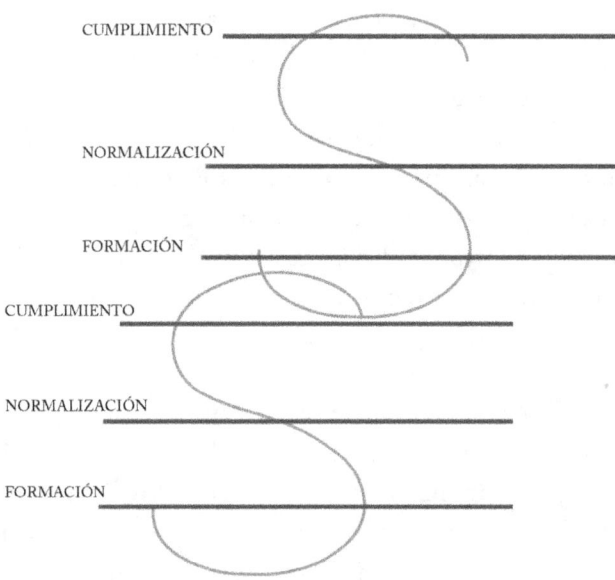

Éxito Continuo

Sí, esto es lo que he afirmado, y es verdad. Si esta verdad parece desalentadora o difícil de aceptar, comprenda el hecho de que esta verdad le da a usted, el individuo, el poder y el potencial creciente e ilimitado de crecimiento. Todo el Desorden y la Incertidumbre en tu vida sirven para 1 propósito, tu crecimiento. Vaya. También hay una escritura en la que el Señor afirma que no nos da ningún reto que no seamos capaces de superar (1ª Cor. 10:13).

Hemos sido o podemos ser absorbidos por la idea de que el desorden y la incertidumbre en nuestras vidas es la culpa de alguien más, o es nuestro destino, condena o castigo. La lista de posibilidades puede ser interminable. Sin embargo, la realidad es que todo eso es un engaño. La verdad del asunto es que todo el Desorden e Incertidumbre en nuestras vidas, es un resultado directo de un mayor Potencial con nosotros como individuos. A medida que crecemos, el Desorden y la Incertidumbre cambian para traer y sacar un mayor Potencial dentro de nosotros, esto a su vez saca más cambio reversible y Potencial de crecimiento. El Desorden y la Incertidumbre que experimentamos es un reflejo directo de la posibilidad de cambio y crecimiento que hay en nosotros. Somos seres ilimitados que crecen y cambian, y estamos aquí para crecer y cambiar. Si tiene problemas, tiene el potencial de hacer las cosas de manera diferente y hacer que los problemas sean discontinuos. Usted tiene el potencial de crecer. Esto da al Desorden y a la Incertidumbre la naturaleza y el nombre de Desorden Discontinuo e Incertidumbre Discontinua. Esta diferencia Potencial dentro de nosotros va al Potencial de crecimiento para poder hacernos, por nuestra naturaleza, crecer con cada oportunidad de Desorden o Incertidumbre. Aspirando nosotros mismos, a un punto de crecimiento natural-continuo, sin que la caída en picado sea siquiera necesaria.

El Ciclo de Entropía se convierte en una "Negentropía", Desorden discontinuo, Incertidumbre discontinua, Movimiento continuo hacia adelante, Progreso continuo hacia arriba. Un nuevo Ciclo de Negentropía que aparece de forma natural en la parte superior de otro, caracterizado por o ser un aumento extremadamente rápido. Nuestro propio crecimiento potencial desde el momento en que llegamos a la existencia, existe dentro de todos nosotros. Todo lo que necesitamos, es alcanzar nuestro propósito en la vida.

Es este potencial energético, no reconocido dentro del sistema, el que trae el desorden al sistema. La energía es muy real y se puede medir en muchas formas. La energía puede ser recogida y vista en toda la naturaleza. Cuando la Energía está disponible, no desaparece o se va, sino que continúa, incluso por sí misma. La energía da poder a muchas cosas, tanto si puedes ver la Energía de alguna manera como si no, la Energía se construye y continúa por sí misma, con o sin ser entrenada o aprovechada y utilizada para un beneficio.

NEGENTROPÍA

La Negentropía es el antónimo de la Entropía. La Negentropía se crea al integrar cualquier Desorden e Incertidumbre en cualquier Sistema dado en éste. El Desorden y la Incertidumbre son el resultado directo de cualquier anomalía que surja en el Sistema. La negentropía ocurre cuando el sistema reconoce, admite y entrena la energía que causa las anomalías, el Desorden y la Incertidumbre. La Incertidumbre dentro del Sistema se refiere específicamente a las áreas de Duda del propio Sistema, a los escepticismos, a las sospechas, a la desconfianza, a la falta de certeza del Sistema sobre alguien o algo. La incertidumbre puede ir desde la falta de certeza hasta la falta casi total de convicción o conocimiento sobre un resultado. La duda se refiere a áreas tanto de incertidumbre como de incapacidad para tomar una decisión. El escepticismo implica la falta de voluntad de creer sin pruebas concluyentes y la sospecha subraya la falta de fe en la verdad, la realidad, la equidad o la fiabilidad de algo o alguien. La desconfianza implica una auténtica duda basada en la sospecha.

En un sistema abierto, esta energía se convierte en una parte bienvenida de las funciones y el potencial del sistema. Se trata de un proceso de integración que consiste en tomar los elementos interrelacionados e interdependientes de un sistema completo y hacer que trabajen juntos para el conjunto del sistema. 1. Esté seguro y tome una Decisión. 2. Estar dispuesto a creer sin pruebas concluyentes, tener fe en la verdad, la realidad, la equidad y la fiabilidad de algo o alguien. 3. Confiar y decidir, basándose en la fe en la verdad, la realidad, la equidad y la fiabilidad. 4. Identifique los elementos interrelacionados e interdependientes dentro de su propio sistema y conviértase en un sistema abierto de negentropía.

La Totalidad es el Principio por el que las Anomalías trabajan naturalmente. La totalidad es la fuerza unificadora que nos mantiene unidos, la unificación interna proviene del macro-sistema para vivir y crecer. Lo que se resiste persiste. Esta fuerza promueve la Integración de todas las partes. Integrar, existe por la estructura, los patrones y los procesos. Los Sistemas Naturales están unificados de manera que hacen que las partes trabajen juntas, en paralelo, a través de las Leyes de Similitud y Correspondencia. Integraciones de Conceptos, Principios y Modelos que trabajan juntos para hacerlos Interrelacionados e Interdependientes.

Los Elementos están Interrelacionados e Interdependientes sin Desviación o cambio como en el Propósito de Acción, cada Elemento mantiene su propia Identidad, sus estructuras, patrones y procesos para los que existen. Los Elementos en la Teoría Humana Holográfica son los componentes individuales de cualquier Todo o Totalidad. La Totalidad es el tercer modelo físico de la Teoría de la Transformación Humana Holográfica, un ejemplo de una Totalidad es el "Tiempo" y los 3 elementos separados de la Totalidad del "Tiempo" son: Pasado, Presente y Futuro.

La Unidad en la física es la unificación de los aspectos de los Sistemas Naturalmente Integrados, con una cualidad o estado de no ser Múltiple. La unidad se mantiene dejando el multiplicando sin cambios, el propósito original del sistema. Como la Totalidad del "Tiempo": Pasado, Presente y Futuro debe unificarse de tal manera que no se cambie la Totalidad del "Tiempo" en sí. Siendo el "Tiempo" el Multiplicador, la totalidad del sistema, de los Elementos. Hay muchos Sistemas de Totalidad diferentes, y cada uno tiene 3 Elementos separados para ellos y diferentes Elementos de diferentes Totalidades también se integran, interrelacionándose e interdependiendo unos de otros.

La intención es la determinación del sistema, la Inercia del Sistema, desde el Principio. La Multiplicación del sistema, esta contiene la totalidad del sistema desde que el sistema llegó a existir. Al igual que una semilla contiene las raíces, los tallos, las ramas, las hojas y el producto de la planta como una planta completa; la semilla es el Multiplicando de las raíces, los tallos, las ramas, las hojas y el producto. La intención está en la semilla para ser plantada.

La visión del mundo es la estructura, los patrones y los procesos a través de los cuales el sistema ve el mundo o el entorno, en relación con el éxito de todo el sistema. La Visión del Mundo se crea a través de los 3 primeros sentidos activados en el orden de activación de su Personalidad. Esto es también el Exponente de todo el Sistema. También es la Cantidad del Éxito del Sistema Completo.

La visión de sí mismo se crea a través de los últimos 3 sentidos encendidos en el orden de activación de tu Personalidad. Esto es el Poder y la FUNCIÓN Exponencial para la Visión del Mundo.

Para transformar, debes cambiar la Función. La Función es cambiada por:

1. Inserción

2. Eliminación

3. Permutación

Integrar (Unidad), el sentido del bien y del mal

$E=mc^2$

E/ Energía; Diferencia de potencial = m/ Masa

c/ Velocidad de la luz

Ø (con una línea que lo atraviesa) / Energía gastada para responder, X/ Tiempos/ X=Posición

Integración/Sistemas integrados: Los elementos y la función están interrelacionados y son interdependientes de otros elementos y funciones. La modificación de un elemento de un sistema integrado afecta al resto del sistema en su totalidad. La integración es el proceso de hacer el Todo y esto funciona debido a la Correspondencia: Principios de Unidad, Realidad y Totalidad.

Sistémico: relativo o común a un Sistema, como el que afecta a todo el sistema.

Ejemplo: abastecer a las partes del cuerpo que reciben sangre a través de la aorta y no de las arterias pulmonares.

Éxito/ Cantidad, "Exponente"; Expresión simbolizada de la operación de capacidad para elevarse al Poder. La estructura y el patrón de la potencia para el éxito.

Potencia Función "Exponencial"; relativa al Exponente; expresada por una función exponencial; caracterizada por, o siendo, un aumento extremadamente rápido en tamaño o extensión. Aumentar rápidamente; aumentar de forma vertiginosa...

La operación matemática de elevar la cantidad a una potencia, llamada también, involución.

Involución: El acto o un caso de envolver o enredar: (Involución). Exponencial, complejidad: Una curvatura o penetración hacia el interior.

La "Función" Exponencial y de Poder de la visión del Ser, directamente relacionada con la Cantidad y el Exponente de la visión del Mundo hace una curva hacia adentro en el lado del Éxito del Ciclo de Entropía. El Exponente no se identifica sin la Función Exponencial de la Visión del Ser.

Hoy en día, el Cambio mismo ha cambiado. Esto ha puesto nuestras vidas en confusión. Afrontar todos los cambios de la vida en sí misma se ha convertido en un reto tan grande que nos hemos perdido incluso al afrontar el cambio.

¿Por qué siempre hay una carga uniforme? ¿A cualquier éxito? Esto sucede porque todos los actos, procesos o instancias tienen límites en su origen o comienzos. El origen implica (se aplica) a las cosas o personas de las que algo se deriva en última instancia y, a menudo, a la causa que operaba antes de que la cosa misma llegara a existir. "Inicio" subraya el comienzo de algo sin implicar causa. "Raíz" sugiere una fuente primera, última o fundamental que a menudo no es fácil de discernir.

Para transformar hay que cambiar la Función, cambiando la Función se llega al Desorden Discontinuo.

Anomalías, el Ciclo de Entropía crea la oportunidad de cambios Sistémicos, y esto se llama Cambio de Segundo Orden. El Cambio de Segundo Orden es un cambio Exponencial Transformativo e impredecible.

MATEMÁTICAS DEL CAMBIO SISTÉMICO

E por 10, elevado a un exponente indicado. N, símbolo no especificado como exponente.

La visión de sí mismo es el "Poder y la Función Exponencial de la Visión del Mundo".

La negentropía convierte el Desorden y la Incertidumbre en Desorden e Incertidumbre discontinuos. No desaparece para no volver jamás. Sin embargo, se acoge y capacita en todo el sistema y se convierte en Discontinuo.

La Visión del Mundo debe cambiar para que la Visión del Ser deje de reciclarse a través de sus patrones disfuncionales y para que la Visión del Ser cambie a fin de que la Visión del Mundo cambie también. Integrar las 2 visiones de forma interrelacionada e interdependiente hace que ambas visiones cambien de forma independiente y conjunta.

Nuestra propia Energía existente está disponible para que la reconozcamos y la entrenemos para que se desempeñe adecuadamente dentro de nuestro sistema en el momento en que debe estar disponible para nosotros. Es también este factor "Tiempo" el que juega un papel clave en el Desorden e Incertidumbre dentro del ciclo. No se pretende que todo ocurra de una vez. Pero sí en el transcurso del tiempo, a medida que se producen las diferentes fases. El crecimiento implica el cambio y éste implica tanto la dimensión como el tiempo. El crecimiento es tridimensional y el tiempo es lineal, y se necesita la combinación de ambos para que se produzca el cambio.

La Degradación de la materia y la Energía en el universo hasta el estado final de Uniformidad Inerte, que es el proceso de degradación o agotamiento, o la tendencia Natural al Desorden. Este desorden es causado por esta Energía no aprovechada, que no se utiliza en su beneficio potencial dentro del sistema en el que existe. Esta Energía, que continúa actuando por sí misma en el sistema, en realidad causa el Desorden en el sistema y para el sistema. Esta Energía, que causa este Desorden e Incertidumbre es muy específica para la totalidad del sistema mismo. La Energía no es de naturaleza o base aleatoria e inidentificable. Tiene su propia identidad, tiempo y función dentro del propio sistema. El Sistema es un sistema completo, y como ya se ha enfatizado, todo lo que es necesario y potencial para hacer el sistema completo, ya está dentro de éste desde el momento en que el sistema comenzó.

El mañana es un modelo de algo a realizar y ejemplo para imitar o emular. Modelo para el mañana. Tener una representación en miniatura de un patrón de algo a realizar un emulador. Emular es esforzarse por igualar o superar.

El propósito del Desorden es interrumpir las funciones regulares o normales de los programas y patrones. Sin el Desorden no tendríamos la oportunidad de cambiar y crecer.

ASIGNACIÓN: REALIZAR EL PERFIL DE PERSONALIDAD SENSORIAL

Cuestionario de Personalidad Referencias

1) Cuando observo mis propios temas de pensamiento o conversación, mi mayor área de atención es...

A) Cosas que he visto y luego oído
B) Cosas que he oído y luego visto
C) Cosas que he hecho
D) Cosas con las que me relaciono
E) Proceso de hacer cosas
F) El resultado final

2) En mi opinión, los hechos principales se pueden encontrar a través de las siguientes preguntas?

A) Por qué
B) Qué
C) Cuál
D) Quién
E) Cómo
F) Dónde
G) Cuándo

3) Los elementos (aspectos) más útiles en la vida son

A) Razón, Ideas
B) Significado, Valores
C) Acciones, Intuiciones
D) Relaciones
E) Cómo
F) Estrategias
G) Tiempo/Ser

4) La acción debe basarse en

A) Razón
B) Significado
C) Intuición
D) Relaciones
E) Planificación
F) Estatutos

5) La mayor conexión para mí está en el

A) Pasado
B) Presente
C) Futuro

En cuanto a las...

A) Cosas vistas
B) Lo que se oye
C) Acciones realizadas
D) Relaciones
E) Función de
F) Habilidades

6) Lo que siempre es el centro de cualquier asunto para mí es

A) Concepto
B) Valor
C) Intuición
D) Asociación
E) Cualidades
F) Medio y fin

7) La indicación más importante para mí es

A) Por qué
B) Qué
C) Cuál
D) Quién
E) Cómo
F) Dónde
G) Cuándo

Decisiones

1) El proceso de acción más importante para decidir para mí es

A) Potencia
B) Método
C) Ideas
D) Carácter

E) Valor
F) Acciones

2) Una cosa es incuestionable para mí basada en

A) Relativo
B) Acción
C) Representación
D) Pensamiento
E) Cognición
F) Lógica natural

3) Cuando se me dan alternativas, hago mi elección basándome en

A) Circunstancias
B) Las personas
C) Diseño
D) Condiciones
E) Visión
4) Principio moral

5) Cuando explico mis conclusiones de una cosa, subrayo

A) Relación personal
B) Intereses mutuo
C) Conceptos anteriores
D) Ideas personales
E) Intuiciones subjetivas
F) Intuiciones objetivas
G) Una buena elección requiere
H) Estrategias y sus relaciones
I) La buena comunicación en las relaciones
J) Razón y carácter
K) Creencia e ideas
L) Acción para los demás y significado
M) Valor pasado y acción presente

Motivadores

1) Mi fuerza motriz proviene de

A) La acción presente y mi carácter personal
B) Propósito futuro e intuiciones presentes
C) La ventaja de mañana, los principios de ayer
D) Los valores morales de ayer y el plan de mañana
E) Formas en que he visto el mundo su significado
F) Mis antepasados y mis conocimientos futuros

2) Lo que más me emociona es

A) Mis intuiciones del mundo y lo que éste relaciona
B) El carácter de los demás y sus acciones
C) Crear pasos para el mundo para su futuro basado en el pasado
D) Ser capaz de conocer formas de hacer que mi vida cambie
E) Las relaciones personales que me ayudan a superar mi propio pasado
F) Tener relaciones hoy en día con personas con las que puedo crear ideas.

3) Mi mayor motivo de éxito se basa en

A) La acción de los demás y la intuición si pertenecen al futuro.
B) Mi visión del carácter y mis propias acciones presentes
C) Gran significado/valor de lo que escucho y conocer el resultado final
D) Estrategias en uno mismo para el futuro con el significado del pasado.
E) Otros relacionándose con ello y la idea ya existente.
F) Buenas razones y relacionarse personalmente con ellas.

4) La mayoría de las veces ayudo a los demás a actuar

A) Compartiendo mi entusiasmo y mis creencias futuras en ellos.
B) Mis datos y acciones con valor para ellos
C) La investigación del pasado y las estrategias de futuro
D) Mis conocimientos y datos que obtuve
E) Presentándoles a personas que conozco para que compartan sus ideas
F) Ayudándoles a encontrar razones que se relacionen con ellos.

5) Cuando me dan opciones, prefiero

A) Actuar según la intuición y el carácter propio
B) Conocer los procesos futuros y cuestionar el presente.
C) Tener todos mis datos a mi alrededor y decidir mis funciones
D) Planificar mi futuro en base a lo que he recogido.
E) Conocer su relación actual con las visiones de mi pasado.
6) Percibir la representación en todas las cosas y su relación.

7) En la mayoría de los ámbitos de mi vida, doy poder a los demás con

A) Mis propias intuiciones y la ayuda de mis rasgos personales
B) Ejemplo de carácter y mis acciones
C) El refuerzo de su valor y mis conocimientos para conseguirlo.
D) Mi experiencia en el área y palabras de sabiduría
E) Relacionarme bien con ellos y compartir mis visiones imaginativas
F) Razón mundana para su empoderamiento personal.

8) Mientras tenga lo siguiente, puedo seguir adelante

A) Crear mi propia acción e intuición con una buena creencia en mi carácter
B) Centrarse en el futuro y las intuiciones emocionales con mi poca o ninguna acción.
C) Significado e instrucción detallada
D) Metas futuras y buena ética
E) Relaciones con los demás y buenas razones.
9) Ideas imaginativas con las que me siento conectado.

RESULTADOS DE LA EVALUACIÓN DEL PERFIL DE PERSONALIDAD

En la sección marcada como Referencias cuente el número de A, B, C, D, E, F. Las letras que más tienes indican sus sentidos de Referencia. Cada uno de nosotros tiene dos sentidos de Referencia, dos de Decisión y dos de

Motivación, recordando que también tenemos bloqueos sensoriales, y éstos pueden estar indicados por un orden de activación general con ninguno o el mínimo de un sentido indicado en el orden de activación.

Las letras que indican Referencias de las letras A y B juntas, y C y D juntas, y E y F juntas, indicarán una de las dos personalidades de orden de activación sensorial primario que puede tener. Estos sentidos serán el primero y el cuarto sentido activado en el orden de activación.

A partir de este punto, en la sección marcada como Decisiones, cuente el número de A, B, C, D, E, F. Las letras que más tenga aquí indicarán su segundo y quinto sentido de orden de activación sensorial.

Cuente el número de letras en la sección marcada como Motivadores y la mayoría de las letras y sentidos indicados aquí identificarán su tercer y sexto sentido encendido en el orden de activación sensorial de su personalidad.

Empezando por sus sentidos de referencia, pasando por sus sentidos de decisión y luego por los de motivación, encuentre su orden de activación sensorial más cercano de la lista de los diferentes órdenes de activación de la personalidad que se indican a continuación.

Determine su orden de activación más alineado recordando que todos tenemos bloqueos sensoriales y que estos bloqueos sensoriales también se indicarán en este cuestionario. Los bloqueos sensoriales se identifican en función de las respuestas con menos o cero sentido en las secciones de Referencia, Decisiones y Motivador y en el orden de activación más similar identificado.

Siempre que hay un bloqueo sensorial si el sistema nervioso central puede actuar a través del bloqueo, el siguiente sentido que se activa procesa la información sensorial bloqueada basándose en sus propias funciones, lo que pone ese sentido en sobrecarga y da una perspectiva muy diferente a las funciones sensoriales bloqueadas.

Las respuestas A y B, luego C y D, luego E y F son similares en la función subconsciente. Cualquier respuesta G indica una referencia a centrarse en el tiempo en lugar de en uno mismo.

Identifique su perfil de personalidad principal y lea la descripción. Hay un sinfín de información que podemos colocar en esta descripción, como elementos, órganos del cuerpo, enfermedades. Cualquier cosa que forme parte de nuestra experiencia de vida y espiritual puede colocarse en los diferentes Perfiles de Personalidad.

Pregunta #5 en la sección de Referencia A y B indican la referencia del tiempo pasado, C y D indican el tiempo presente y E y F indican el tiempo futuro. Es decir, el tiempo en el que más se centra. Más de las preguntas de las diferentes letras indican lo siguiente...

A) IDEALISTA:

Sentidos de referencia; A Sonido y B Vista
Sentidos de decisión; D Tacto y F Olor
Sentidos motivadores; E Gusto y C Energía

B) CONCEPTUALISTA:

Sentidos de referencia; B Vista y A Sonido
Sentidos de decisión; F Olfato y D Tacto
Sentidos motivadores; C Energía y E Gusto

C) ACCIONISTA

Sentidos de referencia; C Energía y D Tacto
Sentidos de decisión; B Vista y E Gusto
Sentidos motivadores; F Olfato y A Sonido

D) RELACIONALISTA:

Sentidos de referencia; D Tacto y C Energía
Sentidos de decisión; E Gusto y B Vista
Sentidos motivadores; A Sonido y F Olfato

E) FUNCIONISTA:

Sentidos de referencia; E Gusto y F Olfato
Sentidos de decisión; A Sonido y C Energía
Sentidos motivadores; D Tacto y B Vista

F) ESTRATÉGICO:

Sentidos de referencia; F Olfato y E Gusto
Sentidos de decisión; C Energía y A Sonido
Sentidos motivadores; D Vista y B. Tacto

Usted puede tener más de un orden de activación sensorial primario de personalidad. Esto puede ocurrir debido a los diferentes enfoques de su vida: la personalidad, la identidad, los procesos de pensamiento, y todos los aspectos que tiene que hacer. Lo único que no cambia en la naturaleza subconsciente es que los sentidos tienen un orden de activación específico por el que pasan y el orden es completamente dependiente del sentido que se activa primero.

IDEALISTA

Ustedes son los pensadores del mundo. Se sienten impulsados a establecer la dirección de nuevos caminos para aumentar el significado de sus vidas y añadir mayor valor. El enfoque de la vida para usted se centra principalmente en el pasado y está constantemente buscando más datos e información sobre el pasado que pueda ofrecerle.

Usted es una persona que toma grandes medidas en sus elecciones y siempre busca más datos para obtener más sabiduría en dicha elección.

Eliminar los pensamientos del pasado de su mente es un patrón natural para usted cuando encuentra mayor valor y significado en algo nuevo.

Los idealistas creen que todos tienen o deben tener sus ideales y su ética. Están orientados al detalle hasta el punto de ser excesivamente perfeccionistas. A menudo algo resulta ser lo mejor o lo peor, sin término medio.

Creen en el honor y viven según un código ético universal. Cuando no lo hacen, se convierte en una cuestión de orgullo, que les sobra. Necesitan aprender perfectamente la paciencia.

Su ideal es manifestar sus ideales y objetivos cuanto antes. Esto a veces se interpone en su camino, por lo que tienen tendencia a adelantarse a los acontecimientos, intentando pasar a la acción (normalmente a la acción masiva) lo antes posible.

Su filosofía es vivir y actuar con sabiduría en su esfuerzo por construir y poner orden en un mundo imperfecto.

Los idealistas son el tipo más raro. Pueden ser reclusos y a menudo son muy ricos. Muchos viven en Inglaterra y Canadá. Un pequeño porcentaje vive en Estados Unidos y otras partes del mundo.

ORDEN DE ACTIVACIÓN IDEALISTA

1) Sonido: Referencia: Valor y Significado
2) Tacto: Decisión: Relaciones
3) Gusto: Motivador: Carácter
4) Vista: Referencia: Ideas, Razón y Concepto
5) Olfato: Decisión: Estrategias
6) Energía: Motivador: Acción e Intuición

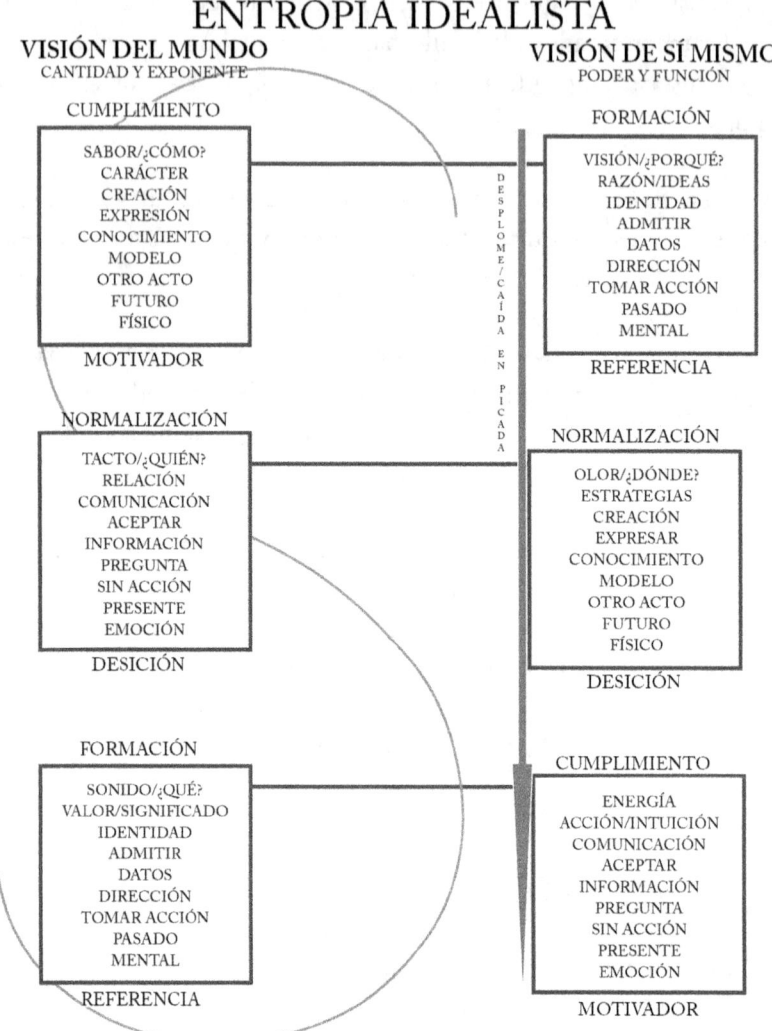

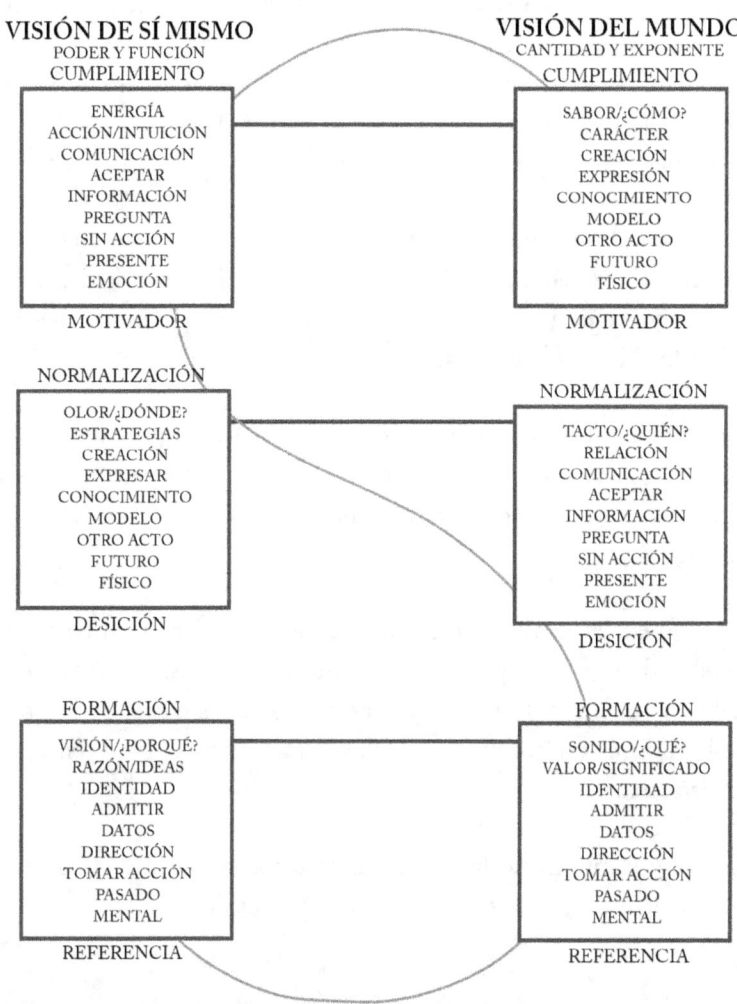

CONCEPTUALISTA

Se le puede llamar una persona visionaria, siempre capaz de ver y obtener ideas para ayudar a otros en las direcciones de la vida. Usted es muy lógico y detallista en su pensamiento. El cambio puede ser fácil para usted, especialmente cuando se refiere al pasado.

Hay muy pocas cosas que se le escapen de lo que ocurre a su alrededor, aunque puede tener problemas con la forma en que se relaciona con usted. A veces le cuesta tener intuiciones, sobre todo cuando tiene que cuestionar las que ya ha tenido. La mejor manera de lidiar con esto es cuestionar las intuiciones actuales y pasadas y no tomar ninguna acción durante un tiempo. Puede ser mejor esperar y observar y la respuesta aparecerá.

Los conceptualistas son los "cerebros" de la familia humana. Son los pensadores, extremadamente inteligentes y muy lógicos. Suelen ser muy disociados y "digitales", con un apetito insaciable de información. Les encantan los libros y la lectura.

Los conceptualistas tienen buenos recuerdos, especialmente en lo que respecta a la gloria del pasado. También pueden ser bastante arrogantes y engreídos. Pueden volverse fácilmente estirados y tradicionalistas burocráticos.

A veces son extravagantes y malhumorados, pues tienen un bajo umbral de ambigüedad, ya que quieren ver la causa de las cosas. Necesitan saber que saben y se sienten impotentes si no lo saben. Esto es muy importante para ellos porque están muy motivados para sentir una gran sensación de poder personal.

Muchos Conceptualistas viven en Inglaterra y Canadá. Un pequeño porcentaje vive en Estados Unidos y otras partes del mundo.

ORDEN DE ACTIVACIÓN CONCEPTUALISTA

1) Vista: Referencia: Ideas, Razón y Concepto
2) Olfato: Decisión: Estrategias
3) Energía: Motivador: Acción e Intuición
4) Sonido: Referencia: Valor y significado
5) Tacto: Decisión: Relaciones
6) Gusto: Motivador: Carácter

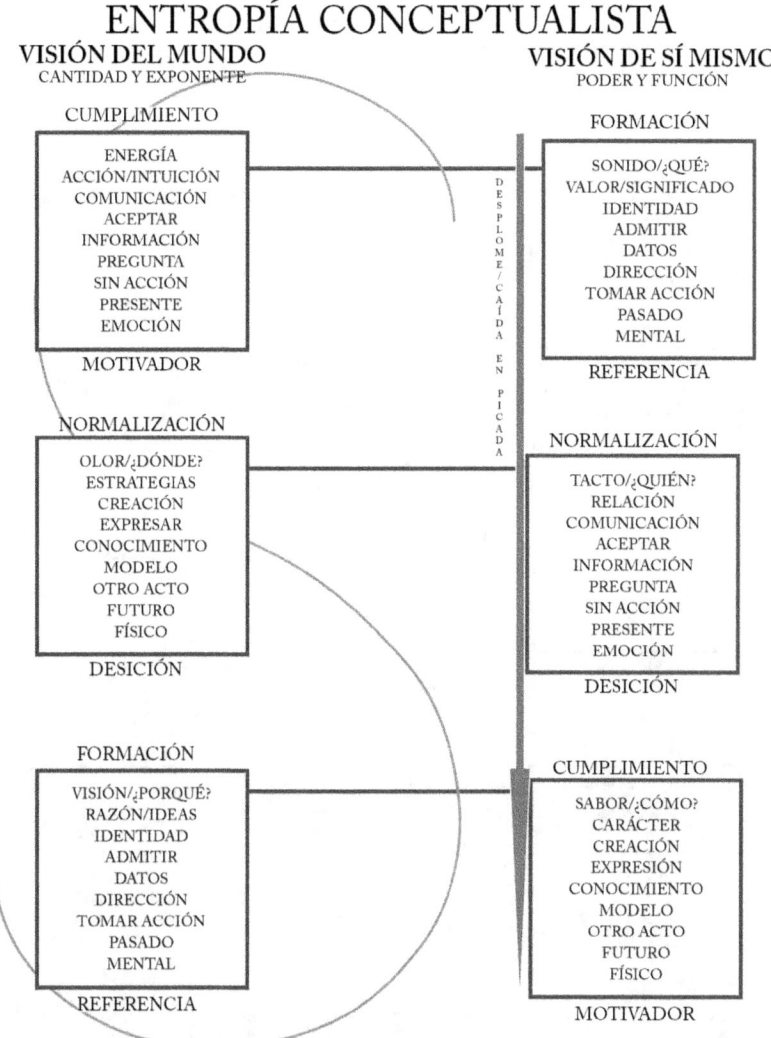

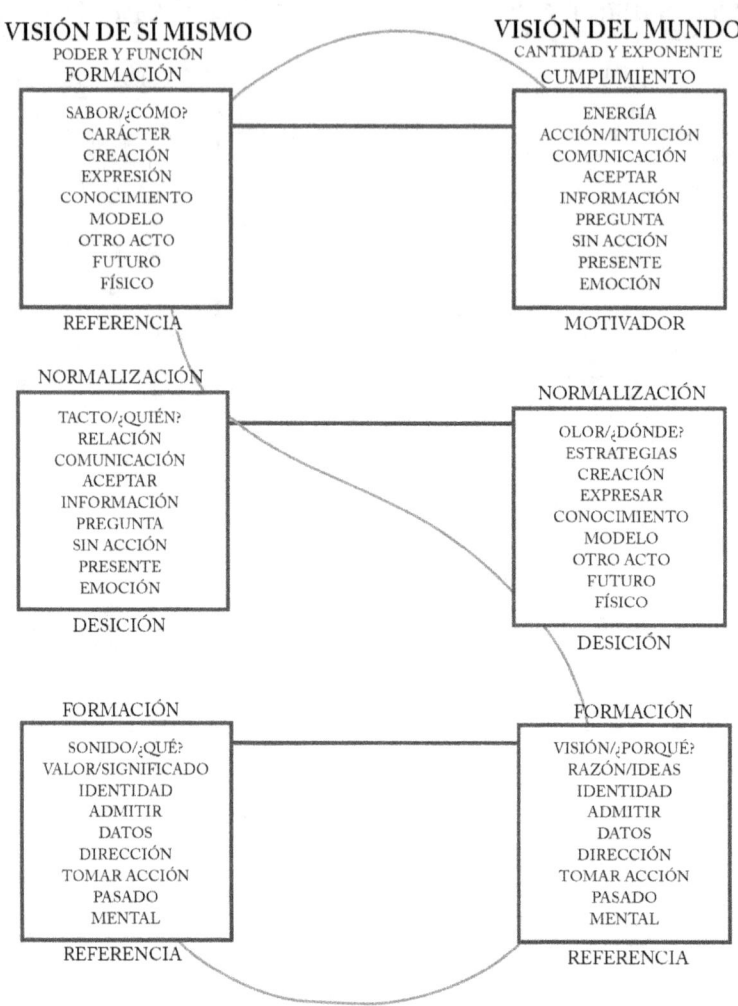

RELACIONALISTA

Se centra en el presente y puede ser muy cariñoso y nutritivo con el mundo que lo rodea. Tiene mucha información sobre la forma en que las distintas cosas del mundo pueden relacionarse con otras. Usted tiende a cuestionarse mucho a sí mismo y a veces le resulta difícil reconocer el papel que desempeña en el mundo que lo rodea.

Mucha gente; busca consuelo aunque usted no está seguro de ver siempre sus propios puntos fuertes en su capacidad para ayudarles.

Debido a esto, a veces es un poco codependiente y esto puede ser superado creyendo más en sí mismo y confiando en sus intuiciones. También puede fortalecerse al no tomar acciones siempre en el presente sino dejar que la vida se arregle sola.

Los relacionalistas son personas, son trabajadores naturales de la red, capaces de construir fuertes conexiones entre ellos y los demás. Pueden ser muy afectuosos y maternales, así como muy orientados al logro.

Por desgracia, quieren mantener sus relaciones a toda costa, incluso a costa de sí mismos. Muchos son codependientes, es decir, facilitadores que son víctimas de su propio sacrificio. Esto sucede porque suelen estar referenciados a los demás. Su reto vital es convertirse en su propia autoridad. Sienten que no son nada sin relación. Algunos caen en el autoengaño.

Los relacionalistas tienen una tendencia a evitar activamente a las personas y cosas que no les gustan o con las que se relacionan negativamente. Harán esta evitación hasta que algún estímulo les haga caer en el agobio.

Hay tres tipos de relacionalistas:

A. El Ayudante:

Alguien que da asistencia, apoyo. Por ejemplo, una máquina adicional unida a un tren en la parte delantera, media o trasera. El Ayudante es alguien que estimula a otro directamente como señal. El Ayudante da o presta ayuda, asistencia o servicio directa o indirectamente.

B. El contraejemplar:

Los contraejemplares van en contra del modelo estándar, a veces en sentido inverso, opuesto o contrario dentro de la oposición. Estas personas pueden responder oponiéndose y refutando a veces. Cuando maduran son arquetipos muy originales como Platón y otros grandes constructores de caminos.

C. El Triunfador:

También llamado El Jefe. Los triunfadores son naturalmente exitosos hasta un resultado final siendo capaces de ver las cosas hasta el final. Lo consiguen gracias al gran esfuerzo que realizan y suelen salir victoriosos. Especialmente cuando tienen un propósito y llevan a cabo la conclusión prevista.

Los relacionalistas representan más del 55% de la población estadounidense, así como la gran mayoría de los hispanos y europeos como los franceses, los alemanes y los italianos. La mayoría de los negros también son relacionalistas.

ORDEN DE ACTIVACIÓN RELACIONALISTA

1) Tacto: Referencia: Relaciones
2) Gusto: Decisión: Personaje
3) Sonido: Motivador: Valor y significado
4) Energía: Referencia: Acción e Intuición
5) Vista: Decisión: Ideas, Razón y Concepto
6) Olfato: Motivador: Estrategias

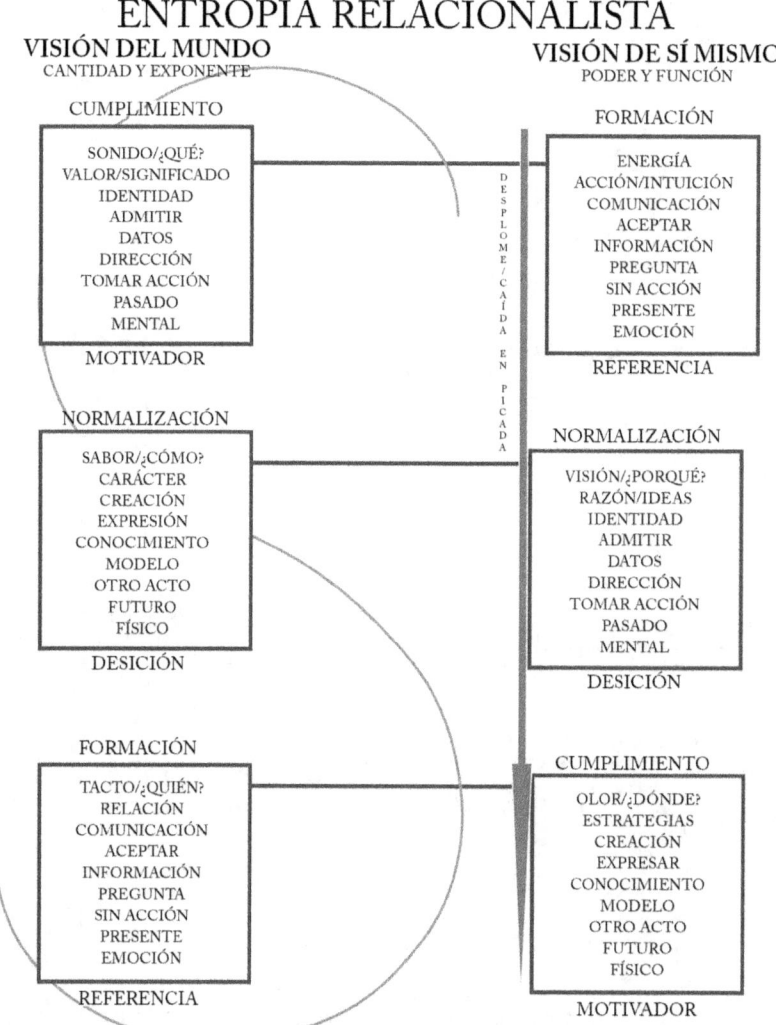

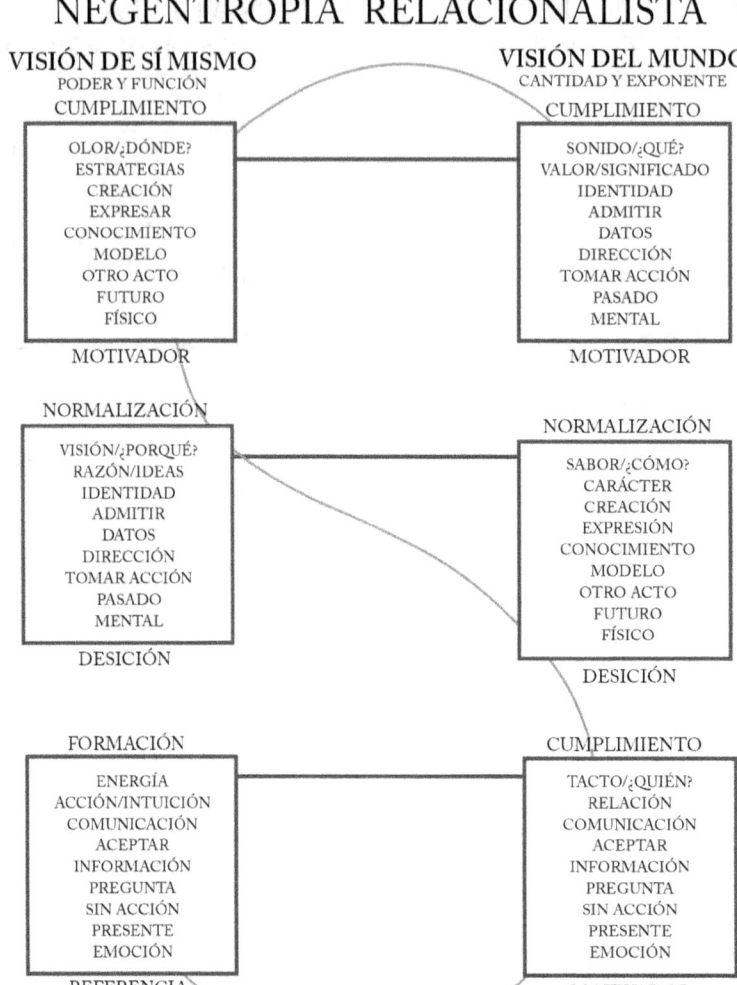

ACCIONISTA

Es muy intuitivo, pero actúa demasiado rápido y con demasiada emoción. Tómese un tiempo para ver lo que puede suceder antes de actuar y luego actúe. Tiene un problema para permitir que otros lo ayuden y no confía lo suficiente en las relaciones que ya tiene. A veces incluso puedes ser testarudo.

Usted es una biblioteca de información y está motivado para obtener más conocimientos para el futuro. Usted ofrece su conocimiento libremente al mundo con las razones y los pasos para aplicar el conocimiento.

Los accionistas son individualistas que disfrutan de su singularidad, les gusta ser diferentes. Para ellos su palabra es su vínculo. A menudo se sacrifican para cumplir una promesa. Son los mayores escépticos del mundo y pueden parecer avaros, egoístas y demasiado egocéntricos los hombres de hielo o las doncellas. Con frecuencia sufren de envidia.

A diferencia de los Relacionistas, les cuesta mantener la conexión con los demás. A menudo sienten que viven la trágica vida del romántico incomprendido. Si no saben qué acción tomar, no quieren y muchas veces no pueden actuar. Estar en movimiento significa vivir - significa un propósito. Muchos son adictos al movimiento (Acciones). Tienen un problema con la ira y pueden ser muy iracundos.

Están motivados para ser la encarnación viva de sus ideales y están constantemente refinando y redefiniendo sus conocimientos y habilidades. Los accionistas, si son maduros, pueden ser muy sabios.

Hay tres tipos de accionistas:

A. El Individualista: El Individualista muestra una gran independencia e individualidad en su pensamiento y acciones. Abogan por la individualidad y el individualismo y son sensibles a las características particulares que les distinguen de los demás. Para ellos son un principio y un hábito hasta cierto punto, a veces de no perseguir intereses comunes o colectivos.

B. El observador: El Observador es bueno para observar y poder informar de los acontecimientos y eventos. Se limitan a observar, lo que puede hacer que los demás no siempre los aprecien, ya que rara vez se implican personalmente. Tienen una tendencia natural a informar de los acontecimientos y sucesos tal y como los observan al acercarse a la situación. El Observador presta mucha atención a muchas cosas y suele considerar cuidadosamente muchos acontecimientos que ocurren al mismo tiempo.

C. El Hacedor: El Hacedor siempre está haciendo algo y hará las cosas con vigor y eficiencia. Se caracteriza por la acción y se distingue del que es dado a la contemplación. El hacedor suele tener un carácter divertido o excéntrico.

La mayoría de los habitantes de Escandinavia y Holanda son accionistas. Representan aproximadamente el 25% de la población estadounidense, muchos de ellos hispanos.

ORDEN DE ACTIVACIÓN ACCIONISTA

1) Energía: Referencia: Acción e Intuición
2) Vista: Decisión: Ideas, Razón y Conceptos
3) Olfato: Motivador: Estrategias
4) Tacto: Referencia: Relaciones
5) Gusto: Decisión: Personaje
6) Sonido: Motivador: Valor y significado

ENTROPÍA ACCIONISTA

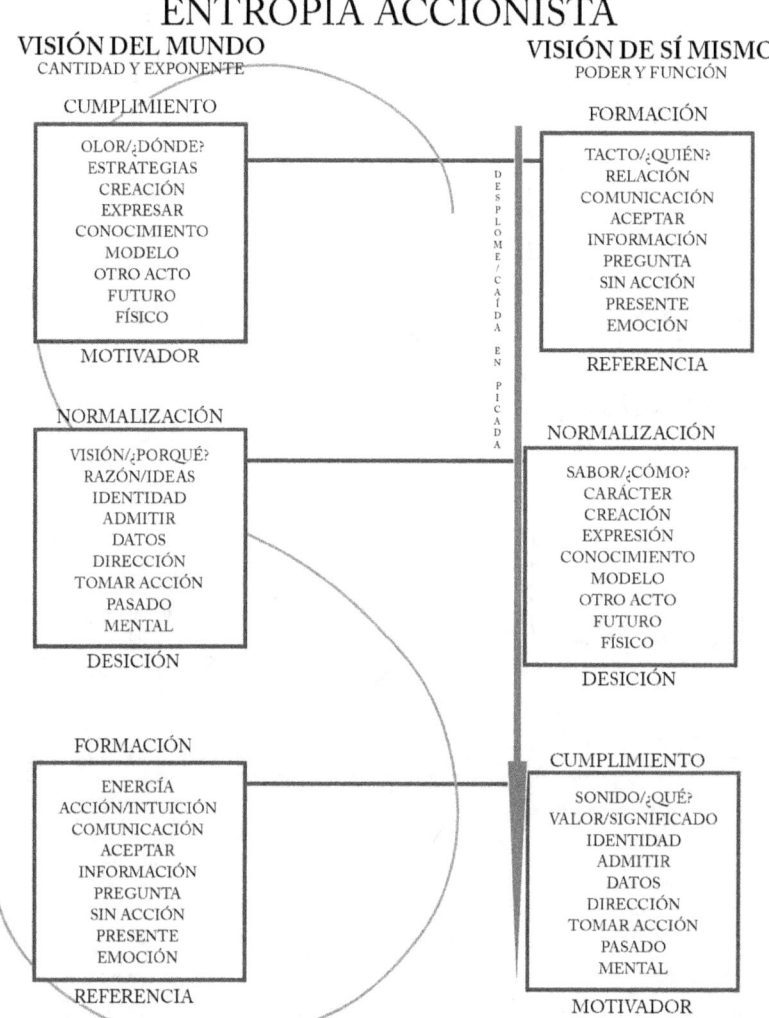

NEGENTROPÍA ACCIONISTA

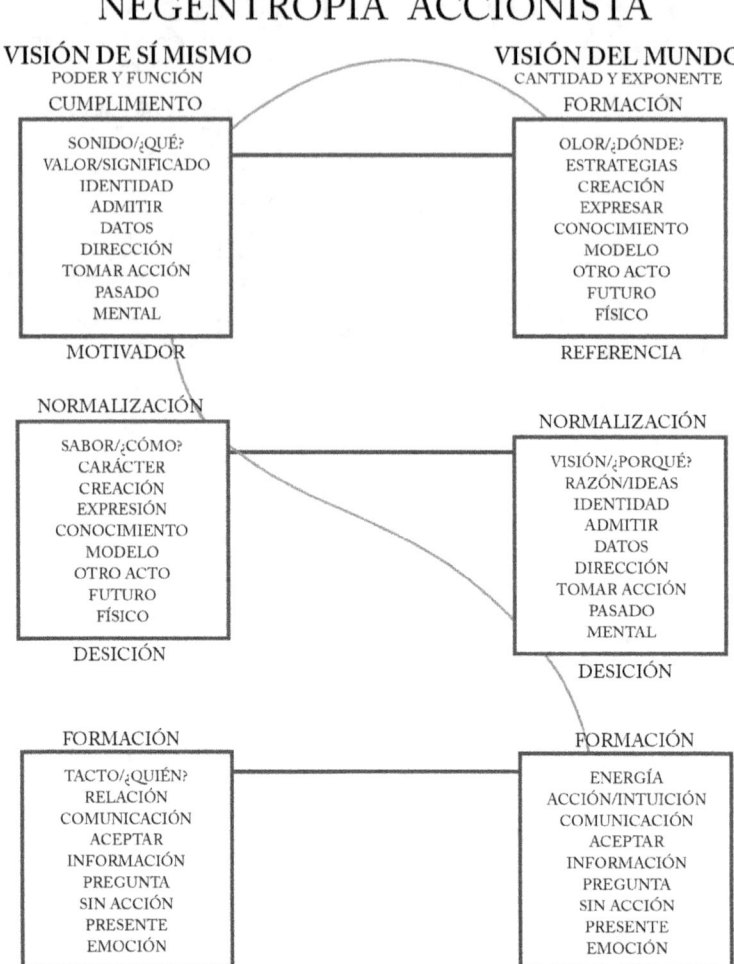

FUNCIONISTA

Los funcionalistas constituyen el 75% de la población mundial. Se le dan bien los negocios y su principal objetivo son siempre los planes de éxito del mañana. A veces puede parecer un poco frío en sus relaciones personales. Su visión del mundo se basa en los procesos, los valores y las relaciones, por lo que puede ser muy dedicado a la familia y los amigos. Su visión de sí mismo se basa en las instrucciones paso a paso para lograr sus objetivos, por lo que puede ser algo autocrítico. También puede cuestionar sus propias acciones e intuiciones y tener problemas con sus razones para hacerlas.

Los funcionalistas ponen las cosas en orden. Trabajan en los problemas utilizando su gran capacidad para absorber y digerir enormes cantidades de datos. Su procesamiento aleatorio, aunque sistemático, forma estructuras organizadas cuyas piezas funcionan juntas como engranajes finamente engranados.

Están motivados para buscar las ideas más importantes y se sienten bloqueados cuando toman estas soluciones y descubren que no pueden elaborar un plan. Su primer pensamiento es la seguridad y la protección, por lo que encuentran formas de eludir la incomodidad y el dolor. Encuentran constantemente formas de mejorar la vida, pero, por desgracia, pueden caer en la avaricia y la glotonería mientras se esfuerzan por sentirse bien.

Estas personas poderosas tienen una curiosidad insaciable, por lo que suelen desarrollar una amplia gama de intereses y gustos. Aunque a veces tienden a ser soñadores optimistas y un poco ingenuos, esto se ve atenuado por su lado práctico.

Los funcionalistas, en grupo, tienden a buscar la uniformidad, aunque pueden ser respetuosos con la idiosincrasia personal.

La mayoría de los japoneses son funcionalistas. Algunas tribus indias de América del Norte y del Sur están formadas en su mayoría por funcionalistas. Se ha descubierto que algunos irlandeses de origen celta también son de este tipo.

ORDEN DE ACTIVACIÓN FUNCIONALISTA

1) Gusto: Referencia: Personaje
2) Sonido: Decisión: Valor y significado

3) Tacto; Motivador: Relaciones
4) Olfato: Referencia: Estrategias
5) Energía: Decisión: Acción e Intuición
6) Vista: Motivación: Ideas. Razón y conceptos

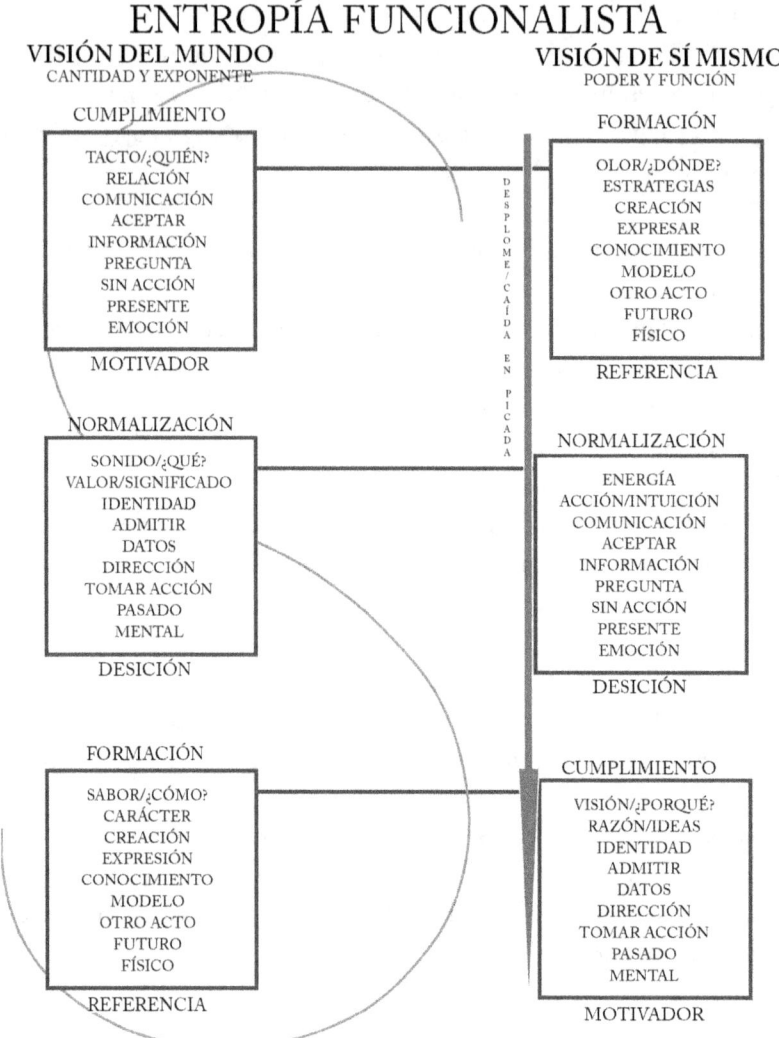

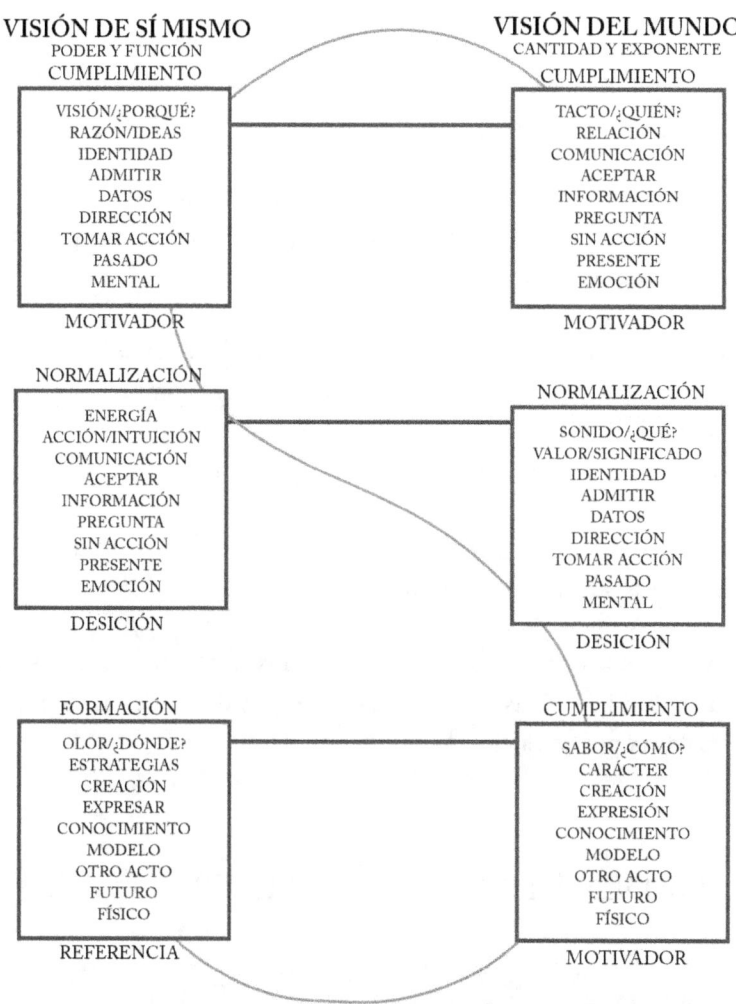

ESTRATÉGICO

Usted es muy raro y tiene una gran capacidad para ser rico en cualquier curso que elija en la vida. Tiene un gran conocimiento y sabe cuándo actuar o cuándo cuestionar antes de actuar. Es visto por los demás por sus grandes habilidades aunque no siempre las reconoce en sí mismo.

Puede que a veces le cueste relacionarse con Dios.

Los estrategas son planificadores y tácticos que resuelven las cosas de forma secuencial. Valoran la competencia y son guardianes de la habilidad, siendo personas dedicadas y trabajadoras que prosperan con horarios ajustados.

Tienen problemas vitales básicos con el dinero y el riesgo, y a veces con el sexo. Como les gusta el "dulce olor del éxito", viven con el peligro siempre presente de caer en la lujuria y la avaricia.

Los estrategas tienen miedo de hacer las cosas mal y de no encajar. A veces les cuesta encontrar lo que los hace sentir bien. Para compensar su falta de confianza en sí mismos con los demás, buscan continuamente la manera de conectar con un grupo que tenga valores estables y bien definidos.

Son muy leales a otras personas a las que respetan y admiran. Hay un corazón de oro al final de su arco iris.

La mayoría de los chinos, los taiwaneses y los tibetanos son de este tipo. Algunas tribus indígenas de América del Norte y del Sur están compuestas en su mayoría por estrategas.

ORDEN DE ACTIVACIÓN ESTRATÉGICO

1) Olor: Referencia: Estrategias
2) Energía: Decisión: Acción e Intuición
3) Vista: Motivación: Ideas, Razón y Conceptos
4) Gusto: Referencia: Carácter
5) Sonido: Decisión: Valor y significado
6) Tacto: Motivador: Relaciones

Tarea: Lleve un diario de sus tareas, experiencias y aprendizajes mientras realiza este libro y sus asignaciones.

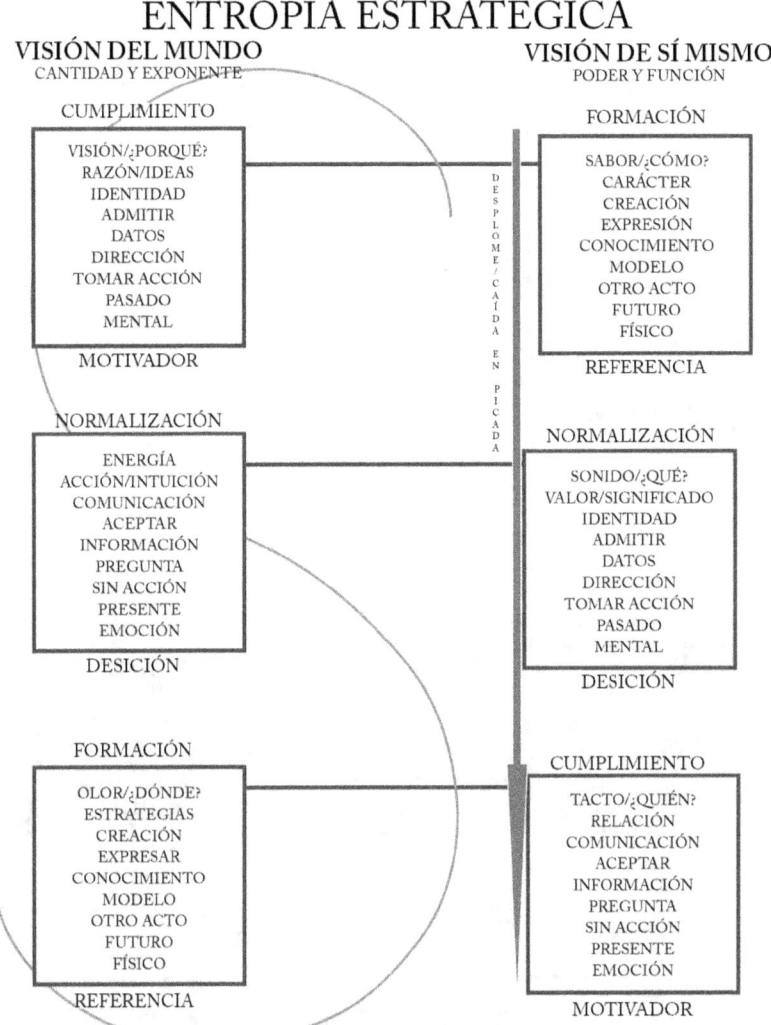

NEGENTROPÍA ESTRATÉGICA

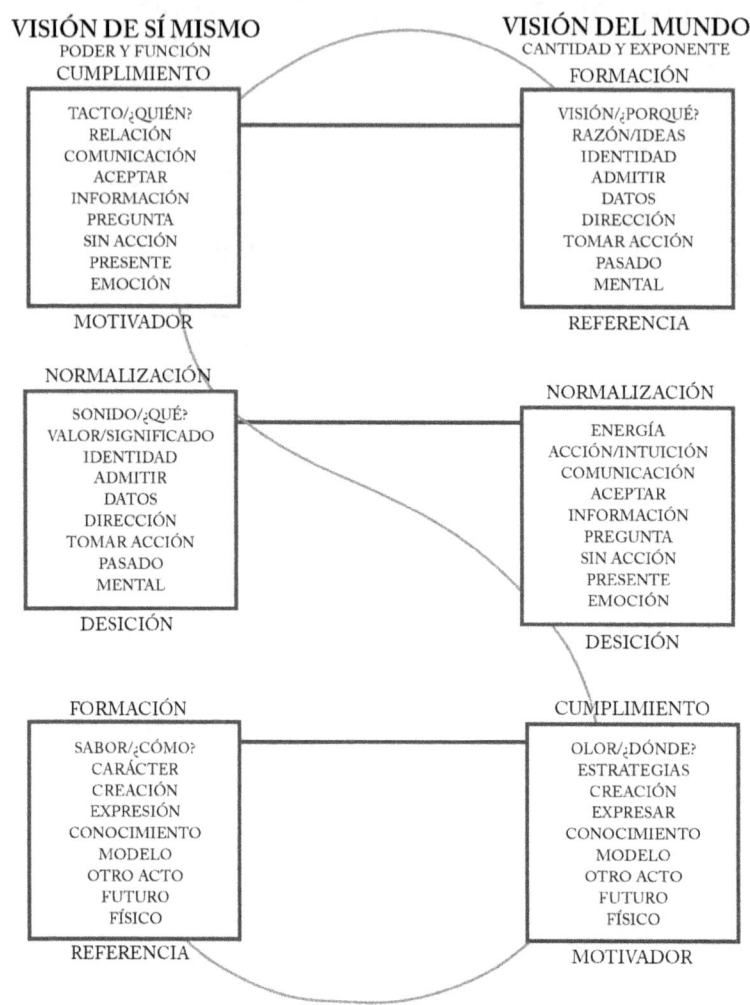

Capítulo 2

UNIFORMIDAD INERTE

La Uniformidad Inerte es el resultado directo del desplome del sistema o de su caída en picado, sea cual sea la forma de referirse a él. Es el fracaso de todo el sistema, hasta el punto de que la Energía del sistema tiene que reordenarse y crear otro comienzo del sistema de nuevo. A veces, es otra vez... y otra vez... y otra vez... y otra vez. A veces, el sistema se hunde tanto y fracasa de forma tan dolorosa que no es capaz de volver a levantarse en esta realidad en absoluto. Este proceso es en respuesta a la actividad deficiente en partes de todo el sistema; su intención es llevar al sistema como un todo, a la unidad de nuevo, a ser igual. El proceso natural de la Entropía es comenzar el ciclo una y otra vez, para traer más y más potencial dentro del sistema, con más vigor, y reactivarlo en todos los aspectos del sistema. Cualquier sistema, ya sea hecho por el hombre o por Dios, tiene el potencial dentro de él para completar la tarea que comenzó, incluso antes de empezar. El fracaso del sistema a la hora de tener éxito viene del sistema que se desarrolla, al no reconocer y desarrollar las partes dentro de sí mismo cruciales para el logro de su éxito.

La uniformidad inerte hace que todo el sistema descanse en un movimiento uniforme. A menos que se actúe sobre todo el sistema mediante alguna fuerza externa, con el fin de hacer aflorar otras cualidades reales de todo el sistema. Al igual que en un vehículo o maquinaria, si una parte no funciona como podría y debería, el resto del sistema puede verse afectado para no funcionar a su capacidad. El movimiento uniforme es crucial en un sistema completo, especialmente en lo que respecta a un sistema vivo que es interdependiente de otras partes del sistema. Como seres humanos, por desgracia, a menudo nos vemos obligados a cambiar por circunstancias o fuerzas externas. Estas circunstancias y fuerzas externas no son un accidente. Son el resultado directo de nuestro potencial interno y en respuesta a nuestra incapacidad para reconocer este potencial y desarrollarlo. Nuestras energías no reconocidas, no capacitadas, no disponibles, por lo que las fuerzas, las circunstancias que nos rodean intentan que reconozcamos y entrenemos y tengamos estas capacidades disponibles para todo el sistema. El hecho es que ya forman parte del sistema, o el entorno y sus fuerzas no estarían insistiendo en que las reconozcamos, las entrenemos y las pongamos a disposición. No es casualidad que todos experimentemos diferentes retos, problemas, dramas, como quiera que los llamemos. Están en nuestro entorno y se dirigen a nosotros porque tenemos en nuestro interior una energía potencial específicamente capaz de ser desarrollada por ellos. Una vez que esta energía no disponible, no entrenada, es reconocida y desarrollada, otro obstáculo (anomalía) viene a nosotros para desarrollar la siguiente energía potencial dentro de nosotros. Una y otra vez se repite, hasta que crecemos en nuestro interior. La uniformidad inerte es una ley natural del ciclo de la entropía y cualquier sistema llegará a este estado.

Todo el sistema se apagará, tocará fondo, cualquiera que sea el término que elijas para describir tu respuesta a tu propia reacción externa. La Entropía continuará con un ciclo de subida y bajada, un momento haciéndolo muy bien, el siguiente cayendo en picado hasta el fondo. Arriba y abajo, con las fuerzas de la naturaleza y el hombre natural, como un proceso natural de crecimiento y progreso sistémico personal.

No, no se te ha levantado. Se te está alentando a desarrollar más el potencial que ya contienes. Independientemente de la Curva de Éxito o del Ciclo de Entropía en el que estés trabajando. No se trata de demostrar que estás equivocado o de intentar que se concentre en otro plan. Se trata de que las fuerzas naturales de la naturaleza lo ayuden en el desarrollo y el éxito de su triunfo. La uniformidad inerte no se trata de un camino equivocado, sino de desarrollar más su potencial. Todo en la vida tiene algo de lo que podemos aprender, nada ha sido un desperdicio, todo ha sido para nuestro crecimiento personal. Esto, es muy importante para nosotros como sistemas vivos a los que el sistema nos apagará hasta que lo encontremos en nuestro interior.

Uniformidad inerte

De lo que se trata realmente es de nuestra capacidad de crecer, tener éxito, progresar y aprender. Existe un proceso natural de crecimiento y cambio que se interrelaciona entre sí para la supervivencia del conjunto. Los sistemas vivos tienen un gran potencial. Pocos seres vivos, si es que hay alguno, han vivido para completar todo lo que han podido. La vida nos da retos, no para destruirnos ni derribarnos, sino para nuestro potencial y nuestro crecimiento. Si tiene un reto, tiene la fuerza para superarlo. Si tiene una pregunta, ya tiene la respuesta en su interior. Es una parte de ser un humano natural y debido al Ciclo de Entropía que se nos empuja hasta casi la destrucción antes de que encontremos la fuerza interior para superar. Nunca se pretendió que viniéramos a esta existencia sólo con el propósito de lastimar, sufrir, sentir dolor y fracasar.

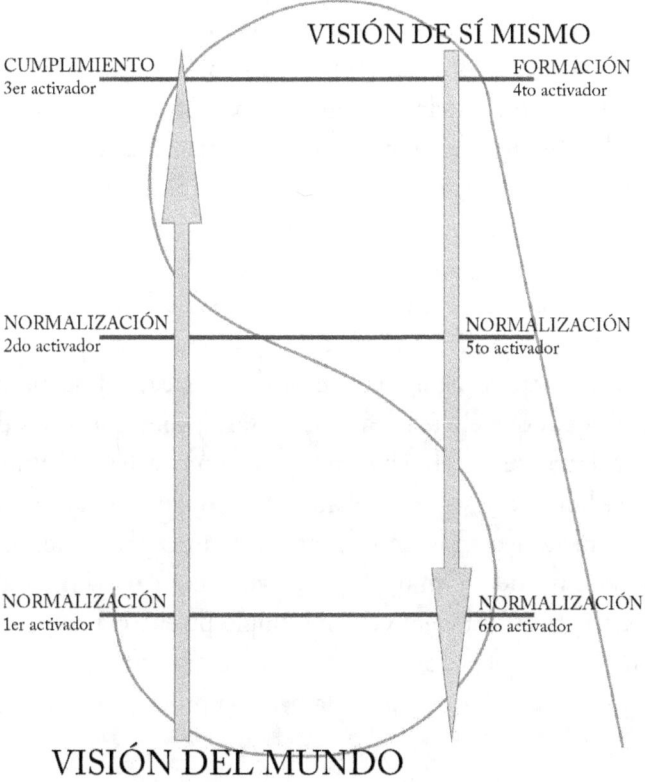

Como seres humanos, somos sistemas completos, somos seres inteligentes y con nuestra inteligencia hemos crecido, triunfado, progresado y aprendido muchos logros.

Como un sistema completo, no vamos a seguir adelante y funcionar como un todo cuando cualquiera de nuestros sistemas dentro de nuestro ser completo no está funcionando correctamente. Esto ya lo sabías. Cada uno de nuestros sistemas individuales son interdependientes y están interrelacionados entre sí. En realidad, hacen trasplantes de órganos corporales (sistemas) para mantener nuestro sistema como un todo Funcionando apropiadamente.

La Teoría de la Transformación Humana Holográfica habla de este aspecto de nuestra realidad. Cada parte individual, pieza, aspecto, Elemento de nuestro ser es una parte de nuestro ser completo. Otra parte individual, pieza, aspecto, Elemento de nuestro ser no puede hacer las Funciones de otra cosa que no sea aquello para lo que fue creado para Funcionar. Cuando una parte, pieza, aspecto, Elemento de nuestro ser no está Funcionando a su capacidad, esto afecta a otras partes, piezas, aspectos y Elementos (órganos) de nuestro Sistema Completo, posiblemente hasta el punto de la Uniformidad Inerte. Uniformidad Inerte: una caída en picado completa, fracaso de Todo el Sistema, incluso hasta la posibilidad de muerte del Sistema, tal y como lo hemos conocido.

Este Desorden no aparece necesariamente obvio hasta que el tiempo de necesidad de las energías está dentro del sistema. Cuanto más se ignora la Energía natural en el sistema, más daño hace la Energía dentro del mismo. Al igual que el viento que sopla salvajemente a través de la tierra y sobre las estructuras, el viento puede ser aprovechado y utilizado para el bien del hombre y seguir soplando. Si simplemente se ignora y no se aprovecha, ni se ajustan la tierra y las estructuras para soportar el viento, los resultados pueden ser muy destructivos tanto para la naturaleza como para las estructuras. El viento es un ejemplo de energía natural que todos conocemos. Hay muchas otras formas de energía natural y real con las que no estamos tan familiarizados, ni la persona promedio ha sido entrenada para notarlas.

Nada se hace sin el Potencial y la Energía para hacerlo y todo tiene dentro la posibilidad de seguir creciendo.

Nada se empieza sin que ya haya existido, desde el principio incluso de una "Idea"; su totalidad ya está dentro de la "Idea". La "Idea" es simplemente el Holograma de la totalidad del Todo. Cuando no reconocemos el Potencial Energético, y la Energía se deja sin aprovechar y sin entrenar, puede llegar a ser muy destructiva hasta el punto de destruir todo el sistema en el que está disponible. Esto se conoce como Uniformidad Inerte, el acto de depravación de deteriorar la materia y la Energía a un estado de baja decadencia y degeneración dentro del Sistema Completo. Esto se basa en que la Energía no es reconocida por su potencial y beneficio dentro del propio sistema.

UNIFORMIDAD INERTE

Cada fase o etapa separada, cada aspecto separado de cualquier sistema dado, ya sea natural o hecho por el hombre tiene su propio propósito específico y Función (Identidad), pre-dispuesto dentro de su Propósito/Función, es el tiempo dentro del Sistema, que debe liberar su Energía para cumplir su propósito dentro de las operaciones de dicho sistema. Todo, por Naturaleza, tiene una Estructura, un Patrón y un Proceso por el que es operado. Cuando estas estructuras, patrones y procesos no se siguen correctamente, o no se les permite funcionar dentro de su naturaleza, todo el sistema puede venirse abajo. El tiempo es un aspecto muy importante de la Energía no disponible y no calificada en cualquier sistema dado. Al igual que para cualquier caso de éxito, el tiempo puede ser crucial para conseguirlo.

El grado de Desorden e Incertidumbre en nuestras vidas indica el grado de crecimiento Potencial dentro las mismas. Dentro de uno mismo.

Espero reiterar esto hasta el punto de que se den cuenta de la realidad de su Potencial. El grado de su caos, desorden, como sea que elijan llamarlo, es el mismo grado del Potencial dentro de ustedes.

Con la Energía ya existente dentro del Sistema desde el principio, no hay manera de que la Energía simplemente desaparezca. Con la Energía no siendo reconocida ni permitida para convertirse en una parte bienvenida de las Funciones y el Potencial del Sistema, ningún entrenamiento del Sistema todavía es Energía real. La Energía es por definición "diferencia de potencial", esta Energía no sabe lo que se espera de ella, aunque ha existido desde el inicio del Sistema. Conoce el Sistema, se reconoce como parte del Sistema, y el Sistema aún no ha reconocido esta Energía. Algo existe incluso antes de que comience, no se puede crear nada que no sea ya una "Diferencia potencial" para ser utilizada por el Sistema, para ayudar al Sistema a crecer y progresar, y esta "Diferencia potencial" ya existía dentro del Sistema como parte del Sistema completo.

Asignación Capítulo 2
Escriba el Orden de Activación Sensorial de su Perfil de Personalidad en su orden y memorícelo y familiarícese con los sentidos y su Función abstracta en su orden de activación.

Evalúe estas Funciones sensoriales durante al menos una semana y lleve un diario sobre cada sentido y la forma en que cree que funciona o no funciona bien para su crecimiento personal.

Capítulo 3

DIFERENCIA DE POTENCIAL

"Diferencia potencial", el comienzo de un Sistema no es el "todo" de un Sistema; cualquier Sistema tiene diferencia potencial para crecer y progresar. Mientras que la totalidad del sistema está incorporado y es holográfica en el punto de inicio de los sistemas, el resto para llevar el sistema a su plenitud está ahí esperando su oportunidad para aparecer. Esto, de nuevo, se refiere al factor del Tiempo en sí mismo dentro del Sistema Completo y sus Elementos, las Diferencias Potenciales predestinadas al Tiempo para llegar a su realización dentro del sistema completo. Esta es una de las razones por las que los problemas de la vida van y vienen y continúan a lo largo del curso de la vida. Como un sistema entero cada parte cumple una función o propósito específico y cada función o propósito tiene su tiempo para llegar a la perfección. Los sistemas vivos (los seres humanos) progresan naturalmente a través del tiempo Cuando el Sistema es un Sistema Cerrado y no reconoce su propio Potencial para su propio crecimiento continuo, el "Potencial" dentro de él, (no habiendo sido específicamente entrenado dentro del Sistema) conociendo su Energía y su Potencial responde de la única manera que es capaz. Es capaz, como cualquier otra cosa, de hacer lo que ya existe en su interior. Aunque, al no haber sido capacitado para ello, dentro del Sistema responde para que el sistema lo reconozca, lo entrene y desarrolle su "diferencia de Potencial". Nada forma parte de nuestra Realidad hasta que lo hemos reconocido y ayudado a encontrar su parte en nuestra vida. "Es necesario que haya oposición en todas las cosas". Esta es la causa de la "Oposición" en nuestras vidas; los factores que indican nuestra exigencia vital de tener pena, y de reconocer la alegría. Nos resistimos al desorden, al caos y a la incertidumbre hasta llegar a la autodestrucción o a la uniformidad inerte.

El sistema en su conjunto no puede seguir creciendo sin que cada aspecto (Elemento) del sistema sea parte activa del mismo. Cada elemento realiza su función individual dentro del sistema, en el momento apropiado en que se requiere que realice la función apropiada en la que tiene la energía (capacidad) para realizar la función.

Lo que resistimos persiste; Evitando lo Inevitable - El Ser. No hay manera de no ser todo lo que somos capaces de ser. No puedes cambiar tu entorno de vida o ubicación, cambiar tus relaciones, incluso ir a un completo aislamiento no cambiará el hecho de que eres capaz de ser más.

Vinimos a esta vida con la inteligencia y la experiencia que habíamos ganado en nuestra existencia anterior, y cuando dejemos esta vida, llevaremos a la siguiente toda la inteligencia y experiencia que ganamos en esta vida. A partir de ahí, seguiremos creciendo en inteligencia, experiencia y, por tanto, adquiriendo mayor conocimiento y sabiduría.

Todo lo que ocurre en nuestro entorno es para favorecer nuestra inteligencia, experiencia, conocimiento y sabiduría; nuestra diferencia potencial. Todo lo que sucede en nuestro entorno es para nuestra diferencia personal, potencial.

Todos nosotros sólo notamos 5, 7 o 9 bits enteros de datos de nuestro entorno cada 0,22 de segundo. Esto no es más que una micro fracción de los Datos Potenciales a observar. Cuando los Datos que estamos observando de todos los Datos disponibles están causando Desorden, caos e Incertidumbre en nuestras vidas, tenemos una mayor capacidad de diferencia potencial para nuestro propio crecimiento personal.

"La inteligencia no son las cosas que conocemos, es la forma que tenemos de conocer las cosas".

El Conocimiento puede ayudar a conducirnos a la Sabiduría. Sin embargo, no podemos tener Conocimiento cuando los Datos e Información que estamos recibiendo nos causan un continuo Desorden. El lapso de tiempo en el que nuestras vidas no tengan Desorden, caos o Incertidumbre, significa que experimentaremos poca o ninguna diferencia potencial.

Diferencia de potencial dentro de un sistema determinado

El Desorden y la Incertidumbre que se denominan Desorden Discontinuo e Incertidumbre Discontinua, siguen suponiendo el Desorden y la Incertidumbre, sólo que en un sentido en el que el sistema reconoce el Desorden y la Incertidumbre, y lo entrena.

La diferencia de Potencial entre dos partes es el trabajo realizado, o la Energía liberada en la transferencia de una cantidad unitaria de un punto a otro. La energía potencial es la energía que tiene un elemento de la materia por su posición o naturaleza, o por la disposición de sus partes. No tiene ningún otro potencial. Es esta misma Energía dentro del sistema la que está causando el Desorden y la Incertidumbre dentro del mismo. No son "fuerzas externas", nada fuera del sistema es la causa del Desorden e Incertidumbre.

Tarea para el capítulo 3
Repase el diario de la asignación del último capítulo y cualquiera de los sentidos y su Función que determinó que podría ser de mayor plenitud en usted, haga una lista de las metas, los sueños o los asuntos que pueda tener sobre ellos para ayudarlos a evitar que caigan en picada nuevamente o más. Escriba esto en un papel y en su diario.

Capítulo 4

ESPACIO Y TIEMPO

El Factor Tiempo refuerza este requisito de cambio, crecimiento y progresión. El propio Elemento Futuro del Tiempo está "modelado" para el Desorden y la Incertidumbre con los que el Sistema "puede" y "podría" subir vertiginosamente para alcanzar su Potencial (ilimitado).

Las anomalías son indicadores de un ciclo de Entropía. La Entropía se considera una medida de la Energía no disponible en un Sistema Cerrado que también se suele considerar como la medida del Desorden del sistema. Esta es la propiedad del estado del sistema que varía directamente con cualquier cambio reversible dentro de éste, al grado de Desorden o Incertidumbre de un sistema.

Sin la oportunidad del Desorden e Incertidumbre, el Sistema se mantiene para conservar su status quo. Mantener la estabilidad y ser consistente es indicativo de no cambiar. Si nuestro futuro fuera estable, sin oportunidad de cambio, nuestras vidas serían muy diferentes hoy en día.

El propio término de "Desorden Discontinuo" e "Incertidumbre Discontinua", no son términos con los que estemos familiarizados. Discontinuo significa simple y claramente que carece de secuencia o coherencia y el antónimo de Discontinuo es obviamente "continuo".

Por lo tanto, si nuestras vidas fueran "continuas", continuarían secuencialmente con coherencia, en otras palabras, nuestras vidas no cambiarían. Nuestro Futuro no sería diferente de nuestro pasado ni de nuestro presente. Con la capacidad Potencial de cambiar nuestro Futuro, obtenemos la Dirección de nuestro Pasado, debemos Cuestionar nuestro Presente y encontramos nuevos Modelos y Patrones para nuestro Futuro.

El Futuro está destinado, de por sí, a ser modelado para el Desorden y la Incertidumbre, no para la Estabilidad, la secuencia y la coherencia. Este concepto es algo nuevo para algunos de nosotros.

Mucho de estos Modelos de Teoría Humana Holográfica están en cierto contraste con algunas de las enseñanzas del hombre. También he investigado las escrituras, y no sólo no he encontrado nada que contrarreste los modelos de pensamiento de nivel superior, sino que he encontrado muchas escrituras que sí contrarrestan gran parte de los conceptos de pensamiento hechos por el hombre.

La función de la entropía es el estado final de uniformidad inerte, una falta de poder de movimiento. Un deficiente en propiedades activas debido a la falta de acciones usuales o anticipadas, simplemente poner la entropía (*energía no disponible) es poco hábil. La entropía liberó su Energía disponible en un esfuerzo por evitar el cambio debido a que no está capacitada para cambiarse a sí misma. Esto es el resultado de un Sistema Cerrado, no Abierto al cambio hasta el punto de negar, reprimir y rechazar cualquier dato nuevo. El tiempo mismo está diseñado naturalmente para causar que las acciones, procesos o condiciones del Futuro se vuelvan naturalmente a un estado de Desorden. Esto es una parte muy natural del tiempo ya que las acciones, procesos o condiciones deben cambiar constantemente para el movimiento del Futuro. Hay muchos aspectos que muestran el camino de la Tierra, la Humanidad, los negocios y la vida en sí misma en constante cambio.

El tiempo puede ser utilizado en sí mismo para ser una parte capaz de cambiar el continuo del Desorden Natural de los Movimientos Futuros (Tiempo), las medidas entre las acciones, procesos o condiciones.

Este Desorden Natural se debe en parte a la Energía no disponible en cualquier Sistema Cerrado y cualquier Sistema se convierte en un Sistema

Cerrado cuando no está cambiando constantemente entre las mediciones pasadas, presentes y futuras, que es el significado y la Función del Tiempo.

La Energía No Disponible en un Sistema Cerrado variará directamente con cualquier cambio reversible dependiendo del grado de desorden requerido por el grado de cambio para las acciones, procesos o condiciones Futuras, dentro de cualquier sistema dado.

Para manejar estos Ciclos de Entropía en nuestra vida y poder tener Desorden e Incertidumbre Discontinua, podemos seguir el Modelo de Matriz y la Naturaleza de Transformación.

Cuando surgen Anomalías en tu vida, que son Anomalías Similares (parecen (intentar) alejarte de tu objetivo; porque están "fuera de la caja" por así decirlo, podrían ocurrirle a cualquiera). Son Anomalías Desviadas cuando son más bien desastrosas y no son comunes.

Anomalías y la Matriz:

La similitud: Ampliar (añadir)

Unidad: Identificar el Multiplicando; la Función original y el propósito del Sistema desde su origen usando las Anomalías Desviadas como el Exponente para multiplicar la Función y el propósito por.

Ejemplo: Empiezas a ir a la universidad para obtener un título y empiezan a surgir problemas que aparentemente intentan impedir que curses la universidad. Una Anomalía similar podría ser darse cuenta de que necesita gafas para leer sus libros universitarios. Esto podría clasificarse como algo común o similar con lo que hay que lidiar en la vida. Una Anomalía Desviada podría estar más en la línea de perder una beca para la escuela, ser expulsado de la escuela, perder a un ser querido, o tener un accidente horrible.

Tarea para el capítulo 4
Enumere los Desórdenes e Incertidumbres en su vida en una hoja de papel

Evalúe si se encuentra en el espacio o los entornos adecuados para lograr realmente las cosas que desea y por las que está trabajando que este Trastorno e Incertidumbre está apareciendo. Anote en su diario los pros y los contras de su entorno (Espacio) con respecto a su éxito.

Repita esta evaluación y escritura con respecto al factor Tiempo. ¿Está usted, como sistema viviente completo, en el factor tiempo adecuado para el cambio, ya que el cambio es el propósito del Desorden y la Incertidumbre? Mantenga sus tareas con usted y familiarícese con su ser interior con respecto a su continuo Potencial.

Capítulo 5

CORRESPONDENCIA

La correspondencia gobierna la función: La naturaleza que tiene partes o procesos a cualquier nivel, de la misma forma o figura, resuena como una sola. Las partes similares cambian juntas. Ejemplo: 2 electrones cuando 1 cambia su rotación, el otro también cambia su rotación. La totalidad de las partes relacionadas que están en un todo complejo naturalmente se corresponden y se afectan mutuamente, dejando el Multiplicando sin cambios.

El Multiplicando es la Función original de todo el sistema desde su origen. La Función original del Ser Humano es progresar a niveles superiores continuamente. Estas progresiones a niveles superiores se basan en el propósito de la creación del hombre desde su comienzo. Jesús afirma: "Esta es mi obra y mi gloria, llevar a cabo la inmortalidad y la vida eterna del hombre". Moisés 1:39

Otros Multiplicandos que conforman la Estructura, los Patrones y los Procesos de nuestra creación y la obra de Cristo consisten en:

La familia, la identidad, lo mental, lo emocional, lo físico, la creación y la sabiduría;

Cada vez que experimentamos una Anomalía Desviante, debemos encontrar el Multiplicando (Totalidad y Elementos) y multiplicar las Funciones y sus Elementos por la cantidad de la Anomalía Desviante y sus Funciones y Elementos.

¡El Sistema Humano ES UN SISTEMA COMPLETO y por ello puede unificar partes que son muy diferentes!

Integración: Sistemas Integrados: Los elementos y la función están interrelacionados y son interdependientes de otros elementos y funciones. Cambiar un Elemento de un Sistema Integrado afecta al resto de la totalidad del sistema. La integración es el proceso de hacer el Todo y esto funciona debido a los Principios de Correspondencia, Unidad, Realidad y Totalidad. Hay 4 tipos de Sistemas o Modelos de Integración: 1) Simbólico, 2) Energético, 3) De todo el cuerpo, 4) Lingüístico.

Integrar es la condición de ser Íntegro o completo. Integrar es el Proceso de hacer la Integridad. La Integridad existe porque la Estructura y los Procesos de los Sistemas Naturales están Unificados de manera que las partes trabajan juntas en Paralelo, Similitud y Correspondencia.

Ciclos de Entropía: Un Desorden Estadístico de la Energía. El ciclo de Entropía es una medida de la Energía no disponible en un Sistema Cerrado que también suele considerarse como una medida del Desorden de los Sistemas. Es una propiedad del estado de los Sistemas y variará en relación directa con cualquier cambio Reversible en el Sistema y en relación con los factores de Tiempo del Desorden de la Energía de los Sistemas que es Indisponible y causa del Desorden. La Degradación de la materia y la Energía en el universo, hasta el estado final de Uniformidad Inerte. El proceso de Degradación, el agotamiento, o la tendencia Natural al Desorden.

Anomalías: La información que va en contra de las creencias normales del Sistema. Son los defectos que ya forman parte del Sistema desde el principio, y que impiden que el Sistema crezca, simplemente basándose en el Orden Natural del Tiempo y el Futuro y el Desorden.

Entropía Tiempo Espacio Materia
Desorden Natural Negentropía

Desorden discontinuo Identidad imprevisible

El cambio y el crecimiento requieren tanto el Espacio como el Tiempo para llegar a buen término. El lugar adecuado o correcto es importante. Sin embargo, el cambio o el crecimiento sólo pueden producirse en el momento adecuado. Como seres humanos, podemos decidir (normalmente) tanto el Espacio como el Tiempo. Podemos elegir en un nivel consciente. La elección no siempre se considera para nosotros o para otros, y el Espacio y el Tiempo no tienen su propia elección. Hemos venido a la tierra para aprender, para emplear nuestra capacidad de elección (libre albedrío) de forma correcta. A veces, el Espacio termina siendo decidido por nosotros por las agencias gubernamentales o los seres queridos que tienen que intervenir por nuestra seguridad y la de los demás. El tiempo depende enteramente de nosotros en nuestro grado de preparación para la elección del Cambio.

La integridad es la fuerza unificadora que nos mantiene unidos. La Unificación Interior viene del Macro-Sistema para vivir y crecer. Este es el trasfondo del dicho: "Lo que resistimos, persiste". Esta fuerza natural para la Totalidad promueve la Integración de Todas las partes de nosotros y de todos los Sistemas Integrales. El Modelo de la Totalidad está hecho de 3 sistemas separados y 1 Nivel de Totalidad. Este es un Holograma de cada parte de la totalidad del Sistema.

Totalidad; El estado de ser completo, la totalidad, la Totalidad.

TOTALIDAD; INTEGRIDAD

1) Similitudes: Sumándose a las Anomalías Similares para la Totalidad en el Tiempo Presente.
2) Desviaciones: Detenerse y cuestionar su estructura y propósito de la Totalidad porque las Anomalías Desviadas pertenecen a los Elementos del Tiempo: 1) Pasado, 2) Presente 3) Futuro: con respecto a tu Principio y Propósito de la Totalidad.
3) Recordar y centrarse en el Multiplicador: el propósito original por el que empezaste esta meta o viaje. Escala el grado de la Anomalía

Desviante y Veces el Multiplicando por el número de veces que continúa la Desviación.

Matriz:

1) Añadir: Anomalías similares en el plan en curso.
2) Desviaciones con respecto al tiempo
3) Multiplicación con un Multiplicador.

Hágalo de izquierda a derecha. Encontrar el denominador común en lo que se refiere a la acción del Propósito y la Función y los Elementos que se relacionan.

1) Función, procesos,
2) Elemento; Relacionado con las anomalías
3) Función: Suma de Función y Procesos para Anomalías Similares. Multiplicar Multiplicando para Anomalías Desviadas.

Cambio incremental; se refiere a pequeños cambios en los programas, modelos o creencias. El cambio incremental es un cambio interminable y pasa constantemente por el proceso de Desorden.

El Cambio de Transformación es un cambio imprevisible y un cambio exponencial. Esto representa un cambio de Nivel de Identidad. En el Cambio de Transformación todos y cada uno de los retos de la vida son oportunidades de crecimiento.

LOS HUMANOS SON SISTEMAS COMPLETOS. LOS HUMANOS SON HOLOGRAMAS.

CAMBIO DE NIVEL DE IDENTIDAD

Determinar su personalidad y el orden de activación sensorial constituye su estructura, patrones y procesos para utilizar esta información para su crecimiento. Identifique su tipo de personalidad, esto muestra su orden de activación sensorial. Cada pregunta primaria de los sentidos está listada con el orden de activación. Los modelos del programa subconsciente del sentido y otros Elementos adjuntos a este sentido están listados con su sentido asociado o en las órdenes de Función sensorial. La escala de entropía muestra su ascenso a cualquier tipo de logro, seguido de sus patrones que caen en picada según sus sentidos. Ejemplo: si ha probado ser un Relacionista, el sentido del "Tacto" es su 1ª "Fase de Formación" para cualquiera de sus intentos de éxito. La pregunta principal para el tacto es "¿Quién?". El subconsciente utilizó el sentido del tacto para crear modelos de programas para las relaciones y la forma en que determinamos el proceso en el que las cosas se relacionan. El elemento del tiempo asociado al sentido del tacto es el presente. La emoción está asociada al sentido del tacto, al igual que el diálogo de la información y las nuevas teorías. La comunicación es un elemento asociado al tacto, al igual que los patrones de tu cuestionamiento, consulta la lista de Totalidades y sus Elementos para ver los diferentes Elementos y su Estructura, Patrones y Proceso con respecto a la Totalidad con la que se relacionan.

Haga este mismo proceso con respecto a cada fase de Formación, Normación y Cumplimiento y su sentido, pregunta primaria, Modelos de Programa subconsciente y Elementos. Los tres primeros sentidos activados en la Entropía son el ascenso, los tres últimos sentidos activados hacen la Formación, la Norma y el Cumplimiento de su desplome. El desplome o caída en picada puede ocurrir antes del cumplimiento real de la subida ascendente. Ponga en práctica esto en las experiencias de su vida y aprenda a identificar y cambiar su propia Naturaleza con su propio Conocimiento Consciente.

Cuando considere cada Elemento en la Entropía, comprenda que el Elemento es una parte de la Totalidad (Completa). Muchas veces en la vida no somos conscientes de ellos ya que no estamos haciendo, viendo, sintiendo, las Experiencias de la Vida de una manera que nos beneficie. Muchas veces se trata de un auto-daño, y no de las experiencias de la vida. Ejemplo de esto: El sentido del Tacto, los Elementos están Presentes, la Comunicación, los Diálogos, y Crear Nuevas Teorías, Cuestionar, y No Tomar Acción. Muchos de nosotros en cambio, Tomamos Acción cuando estamos emocionados en el presente, dejamos de comunicarnos no creamos diálogos de la situación ni nuevas teorías para aplicar.

TOTALIDADES Y SUS ELEMENTOS

SISTEMA ABIERTO: Un Sistema Abierto tiene límites permeables y no se siente amenazado ni teme las nuevas experiencias de su entorno. El Sistema Abierto es sabio y está abierto al cambio y a la progresión. El Sistema Abierto no aprueba necesariamente todo lo que hay en su entorno, aunque busca aprender lo que sea de todo lo que le rodea. Los Sistemas Abiertos no juzgan, sino que sólo buscan obtener un mayor conocimiento y compartir sus conocimientos. Los sistemas vivos son sistemas abiertos; los sistemas abiertos reciben información, datos y energía de su entorno. Los Sistemas Abiertos tienen diferentes Modalidades para recibir la entrada del entorno, simplemente debido al hecho de que todas sus posibles áreas de entrada son Abiertas y no Cerradas a la entrada. Tome un clavo e intente clavarlo en el cemento. Se necesita una pistola de clavos especial para conseguir que el cemento permita que el clavo penetre en él. Tome un clavo e intente clavarlo en un trozo de madera. No sólo entra en la madera, sino que la madera cambia parte de su forma por dentro y por fuera para permitir que el clavo penetre en ella. Las cosas de la naturaleza deben ser sistemas abiertos o se morirán. Un árbol, una planta, incluso la semilla y la raíz deben ser abiertos. Si alguno de ellos tiene límites que no son permeables y flexibles, el árbol o la planta se morirán. Si la semilla o la raíz están cerradas, la planta o el árbol ni siquiera podrán crecer. Este proceso es continuo en todos los aspectos de nuestra vida, y pasa por estos tres patrones para mantener un sistema abierto. Los Sistemas Abiertos procesan el Desorden de su entorno y el Desorden es naturalmente Desorden Discontinuo porque el sistema crece constantemente.

Admitir: Este es el primer elemento de un sistema abierto y está asociado con los sentidos del sonido y la vista. Esto significa simplemente permitir la entrada o el acceso y se refiere específicamente a lo que oímos y vemos. Simplemente reconocer, realmente escuchar y realmente ver lo que se dice y está disponible para ser visto. Simplemente Admitir que es lo que se dijo y se vio, sin cambiar, sin rechazar, sólo admitiendo que fue lo que se escuchó y se vio. Admitir; los sistemas abiertos creen en los datos que llegan al sistema hasta el punto de reconocerlos. No lo consideran delirante, irreal ni surrealista. Admiten y afirman que los Datos tienen un propósito. Permite que los Datos pasen por los Sistemas Abiertos para procesar cualquier cosa de importancia. Los Sistemas Abiertos son "dueños" de los Datos que llegan a ellos. Esto significa que los cree, afirma, admite y reconoce. Admitir significa simplemente el reconocimiento, la percepción, ver y escuchar realmente lo que el sujeto dice, lo que siente y lo que hace. Lo contrario de admitir es negar y negar significaría decir "no, no dijeron ni hicieron eso, nunca los vi ni los escuché". En términos muy simples, este es un primer paso para admitir en lugar de negar. De nuevo, admitir; los sistemas abiertos creen en los datos que llegan al sistema hasta el punto de reconocerlos. No lo consideran delirante, irreal ni surrealista. Admite y afirma que los Datos tienen un propósito. Permite que los Datos pasen por los Sistemas Abiertos para procesar cualquier cosa de importancia. Los Sistemas Abiertos son "dueños" de los Datos que llegan a ellos. Esto significa que los cree, afirma, admite y reconoce). Los Sistemas Abiertos Admiten y Creen los Datos que entran en el sistema hasta el punto de Reconocerlos, no los consideran ilusorios, irreales o surrealistas. Admiten y afirman que los Datos tienen un propósito. Permiten que los Datos pasen por los Sistemas Abiertos para procesar cualquier cosa de importancia. Los Sistemas Abiertos son "dueños" de los Datos que llegan a ellos. Esto significa que los cree, afirma, admite y reconoce.

Aceptar: Este es el segundo elemento de un Sistema Abierto y está asociado con los sentidos del Tacto y la Energía. Aceptar indica que se recibe de buen grado lo que se ha Admitido sin protestar ni rechazar nada de ello. Aceptar implica tener una respuesta favorable, expresando un reconocimiento de algo que se ofrece favorablemente para su beneficio o el del conjunto. Asociado a los sentidos del Tacto y la Energía indica aceptación. Aceptar los Datos incluye el procesamiento de los Datos en el Sistema Abierto. El procesamiento se realiza sin un juicio o reacción. Permitiendo la aceptación de todos los Datos para ser procesados, dialogados y nuevas teorías vistas sin protesta o reacción. Aceptar los Datos incluye el procesamiento de los Datos en el Sistema Abierto. El procesamiento se realiza sin juicio ni reacción. Permitir la aceptación de todos los Datos para que sean procesados, dialogados y las Nuevas Teorías examinadas sin Protesta o Reacción.

c) Los Sistemas Abiertos han adquirido y experimentado estos nuevos Datos. La aceptación de los Datos incluye el procesamiento de los mismos en el Sistema Abierto. El procesamiento se hace sin un juicio o reacción, permitiendo la aceptación de todos los Datos para ser procesados, dialogados y las Nuevas Teorías miradas sin Protesta o Reacción.

Los Sistemas Abiertos han adquirido y experimentado estos nuevos Datos.

Expresar: Es el tercer elemento de un Sistema Abierto y está asociado a los sentidos del Gusto y del Olfato. Expresar es mostrar explícitamente sus propios Rasgos de Carácter y sus propias Estrategias para conseguir cosas con sus comportamientos. El propósito de sus logros refleja sus creencias personales y específicas. Lo que hace da a conocer claramente la totalidad de su ser interior. Manifestando sus creencias personales en todas sus expresiones. Una Totalidad de sus palabras, gestos, acciones mediante su impulso natural siendo sus compulsiones interiores. Los Sistemas Abiertos al haber adquirido y experimentado estos nuevos Datos, expresan sus nuevos Aprendizajes vigorosa y emocionalmente a través de sus Acciones y Comunicaciones. Los Sistemas Abiertos dan voz a su Nueva Conciencia social e intelectualmente debido a las anomalías y a la retroalimentación que forma parte de nuestro ciclo de vida de nuestro ser permitiendo que cualquier dato del entorno sea utilizado para mejorar el sistema. Ninguna retroalimentación del entorno puede hacer que un sistema abierto entre en declive cuando se mantiene abierto. Un Sistema Abierto no siente la necesidad de tratar de controlar la retroalimentación, no se siente intimidado, ansioso o deprimido debido a los datos y la retroalimentación. Los Sistemas Abiertos que han adquirido y experimentado estos nuevos Datos expresan su nuevo Aprendizaje vigorosa y emocionalmente a través de sus Acciones y Comunicaciones. Los Sistemas Abiertos dan voz a su Nueva Conciencia social e Intelectualmente debido a las Anomalías y la Retroalimentación que forma parte de nuestro Ciclo de Vida, nuestro Ser. permitiendo que cualquier dato del entorno sea utilizado para mejorar el sistema. Ninguna retroalimentación del entorno puede hacer que un sistema abierto entre en declive cuando se mantiene abierto. Un Sistema Abierto no siente la necesidad de tratar de controlar la retroalimentación, no se siente intimidado, ni ansioso, ni deprimido por los datos y la retroalimentación.

SISTEMA CERRADO: Se necesita mucho esfuerzo para mantener el sistema como un Sistema Cerrado. La mayoría de los datos y la información del entorno (fuera del sistema) deben ser negadas, rechazadas y reprimidas para mantener cerrado el sistema. A lo largo de un periodo de tiempo, todos los esfuerzos implicados para poder negar, rechazar y reprimir cualquier dato o información se consumen y son capaces de controlar todos los pensamientos, sentimientos y comportamientos de la totalidad del sistema, hasta que parece que no queda nada (ningún yo) dentro del sistema. El sistema se convierte literalmente en nada más que la Personalidad, la Identidad, las Comunicaciones Internas, las Emociones y Creencias así como los Rasgos de Carácter y las Estrategias para apoyar la Negación, el Rechazo y la Represión de los Datos y la Información. Un Sistema Cerrado es muy predecible. Un Sistema Cerrado no va a cambiar por sí mismo, puede cambiar con las fuerzas naturales de la vida, pero un Sistema Cerrado no elige cambiar. Los sistemas cerrados también suelen negar que están cerrados. Cuanto más cerrado está el sistema, mayores son las fuerzas que intentan abrirlo. Cuando ya conoces la forma en que una persona u otro sistema va a responderte, es que ese sistema es predecible, por lo tanto, el sistema es cerrado. Los Sistemas Cerrados no están abiertos a nuevas reacciones, datos o información y mucho menos al conocimiento. Cuando un Sistema Cerrado está en declive, las fuerzas naturales entran en juego, su único objetivo es eliminar o levantar las restricciones que mantienen el Sistema Cerrado. Estas fuerzas naturales pueden sentirse como cerrojos que golpean los límites y las paredes del Sistema Cerrado. Esto, a veces, puede aparecer como "amor duro", forzando al Sistema Completo a "tocar fondo". Las anomalías son indicadores de un ciclo de Entropía. La entropía se considera una medida de la energía no disponible en un Sistema Cerrado que también suele considerarse como la medida del desorden de los sistemas. Es la propiedad del estado de los sistemas y variará directamente con cualquier cambio reversible dentro de éste, al grado de desorden o incertidumbre de un sistema. La función de la entropía es el estado final de uniformidad inerte; una falta de poder de movimiento. Una deficiencia en las propiedades activas debido a la falta de acciones usuales o anticipadas, en pocas palabras. la entropía (*energía no disponible) no es hábil. La entropía libera su energía disponible en un esfuerzo por evitar el cambio debido a que no está capacitada para cambiarse a sí misma.

Negar: Negación: Negarse a admitir o reconocer la verdad, negación de la lógica. Es un mecanismo de defensa psicológico en el que los problemas o la realidad con frecuencia se niegan siquiera a mirar los datos o la información. Comprobar que una acusación es falsa se convierte en una negación de la lógica. La negación se convierte en un mecanismo de defensa psicológico en el que se evita la confrontación con un problema personal o con la Realidad negando la existencia del problema o de la realidad. Lo opuesto a la negación es la admisión. Negar es declarar como falso, rehusarse a admitir o reconocer o dar una respuesta o reacción negativa. Negar la admisión, a veces hasta el punto de que algo existe, como la verdad o cualquier dato válido. Contradecir, contravenir como verdadero o válido, sin tener en cuenta lo que otro dice o hace.

Rechazo: Rechazo de una propuesta. Rechazo, desaprobación, negarse a aceptar las indicaciones internas y especialmente los comentarios externos. Es el acto de negarse, de rechazar, de desaprobar y de desistir. Lo contrario de Rechazar es Aceptar. El rechazo es la falta de voluntad para aceptar, cumplir o incluso responder. Evitar, de cualquier manera posible, justificar, culpar, contrarrestar y considerar que no vale la pena. Negarse es también rechazar. Se refiere específicamente a la forma de actuar o relacionarse con nosotros mismos y con los demás.

Represión: Contramedida, contra, revuelta. Reprimir, suprimir, pacificar. Acción o proceso de reprimir: el estado de ser reprimido. Proceso mental por el que se excluyen de la conciencia y se dejan actuar en el subconsciente los pensamientos, recuerdos o impulsos angustiosos que pueden dar lugar a ansiedad. Reprimir o impedir el desarrollo natural. Reprimir es responder como si estuviera bajo presión o injusticia. Reprimir es excluir incluso de la conciencia. Retener cualquier respuesta al entorno y a la entrada. Esto se refiere a los sentidos del Gusto y del Olfato por lo que Reprimir se aplica a la falta de respuesta tales como la creencia de carácter, procesos y estrategias. Adaptar los comportamientos que sirven o parecen servir como funciones importantes para lograr el éxito. Cerrado hasta el punto de crear una Estructura u hoja de ruta para permanecer cerrado, lleno de tácticas, planes operaciones e investigación para respaldarlo.

TIEMPO:

Períodos medidos o mensurables durante los cuales existe o continúa una acción, proceso o condición. La Duración es un continuo no espacial que se mide en términos de eventos que se suceden desde el Pasado, el Presente hasta el Futuro.

Pasado;

Períodos transcurridos durante eventos pasados. Las referencias al pasado pueden ser que se acaba de ir, que ha existido o que ha tenido lugar, en un periodo anterior al presente. Esto se asocia con el sentido del Sonido y la Vista y, por lo tanto, hace que nuestros Valores, Significados, Ideas y Conceptos parezcan conscientemente referidos al pasado.

El presente;

El ahora, y se identifica como una división del Pasado y el Futuro.

Futuro;

Tiempo que aún está por venir, que es la medida de los acontecimientos que aún no se han producido, que existen o se producen en un momento posterior.

ELECCIÓN:

Es la acción de elegir. Posibilidad de realizar actos u oportunidad de seleccionar o decidir. Actuar;

Provocar una alteración por la fuerza o a través de un organismo natural. Las acciones son métodos de hacer algo para lograr algo. La acción es a menudo conductas de eventos o series que logran un fin.

No Acción;

La ausencia de acción significa inactividad, suspensión de la actividad, un estado temporal carente de actividad externa.

Dejar que otros tomen Acción;

Dejar que otros alteren los eventos o realicen a la fuerza o a través de un organismo natural sin ninguna interferencia o inherencia, sólo permitir y no impedir.

SER NATURAL (Niveles superiores de la función humana):

El Sistema Humano es susceptible o representativo de las simpatías y fragilidades de la naturaleza humana. Como tal, interactúan interdependientemente en grupos formando un todo unido. Trabajan juntos para realizar 1 o más funciones vitales, cuyo cuerpo se considera una unidad de funcionamiento.

Identidad/Personalidad;

Se refiere a la igualdad de carácter esencial en diferentes instancias. Igualdad en todo lo que constituye la realidad de una cosa. Unicidad, dejando sin cambios la multiplicidad. Existencia personal de un complejo de características que distinguen a un individuo. La totalidad de los comportamientos, pensamientos y emociones de un individuo.

Comunicación/Información;

Mensaje verbal o escrito a través de símbolos, signos o comportamientos. La comunicación es el intercambio de información mediante técnicas de expresión de ideas, pensamientos y sentimientos.

Creación;

El acto de dar existencia. Hacer, inventar, producir, todo lo que existe físicamente.

CEREBRO HUMANO:

El cerebro humano es la parte del sistema nervioso central de los vertebrados que está contenida en el cráneo y se prolonga con la médula espinal a través del agujero magno y que está compuesta por neuronas, estructuras de soporte y estructuras nutritivas que integran la información sensorial del interior y del exterior del cuerpo para controlar las funciones automáticas y coordinar y dirigir las respuestas motoras correlativas, así como en el proceso de aprendizaje. El cerebro es un dispositivo automático, como una computadora, y es el que controla todas las funciones humanas, incluyendo la conciencia.

Consciente;

La parte del cerebro humano que percibe, capta y nota la información con un grado de pensamiento y observación controlados. El consciente percibe, evalúa, juzga y decide todos los datos procedentes del subconsciente y las respuestas del consciente vuelven al subconsciente para su posterior procesamiento.

Subconsciente;

La parte del cerebro que no está disponible para las funciones conscientes o la conciencia. En esta parte del cerebro se llevan a cabo todos los procesos de las funciones mentales, emocionales y físicas. El subconsciente está justo por debajo del nivel de la conciencia.

Sistema Límbico;

El Sistema Límbico es un grupo de estructuras subcorticales como el hipotálamo, el hipocampo y la amígdala del cerebro que rigen y controlan la emoción y la motivación.

EL PROCESAMIENTO DEL LENGUAJE:

El lenguaje son las palabras, su pronunciación y las formas de combinarlas y que son utilizadas y comprendidas por los individuos, un grupo o una comunidad. El lenguaje es un medio sistémico para comunicar ideas o sentimientos mediante el uso de signos, sonidos, gestos o marcas convencionalizadas que tienen significados entendidos.

Simbólico;

Los símbolos son representaciones de lo que se refiere, pueden representar una palabra completa o un concepto. Ejemplos de símbolos son los ideográficos, los logográficos y los pictográficos y suelen representar aprendizajes e incluso historias.

Energético;

La energía es una fuerza activa, que a menudo no se ve, pero que puede sentirse y reconocerse de otras maneras. La energía se encuentra en un nivel intelectual, emocional y espiritual. Las entidades fundamentales de la naturaleza pueden transferirse entre las partes de un sistema para producir un cambio físico en el mismo y suelen considerarse como la capacidad de realizar una cosa.

Cuerpo entero;

El lenguaje de todo el cuerpo se refiere a que las palabras, las emociones y las expresiones físicas son una sola al unísono. Completo hasta el punto de que incluso la mera representación física del cuerpo puede ser suficiente para expresar el mensaje sin ni siquiera utilizar palabras. El cuerpo entero es una expresión completa e íntegra del lenguaje.

COMUNICAR DE FORMA CONTINUA:

Es el proceso por el cual se intercambia información entre individuos a través de un sistema común, como un todo y caracterizado como una recopilación, secuencia o progresión de valores o elementos que varían en grados mínimos.

Transmitir;

Transmitir es simplemente enviar o transportar de una a otra persona, lugar o cosa. Hacer pasar a través de cualquier medio disponible.

Recibir;

Recibir es aceptar y adquirir para ser receptores. Asimilar a través de la mente o los sentidos.

Mensaje;

Cualquier comunicación generalmente de un tema o idea subyacente y considerada como el propósito de la comunicación.

MENSAJE:

El conjunto de comunicaciones de cualquier tipo. La multiplicación o función que rige cualquier interacción entre 2 o más individuos.

Intención;

Es el sentido, la intención significativa detrás de las interacciones, tener la mente, la atención o la voluntad concentrada en algo o en algún fin o propósito. La intención es lo que uno pretende hacer, su objetivo, meta, objetivo y diseño.

Contenido;

Los temas o la materia de un asunto principal, como la materia escrita, las ilustraciones o la música. Una parte, elemento o complejo de partes.

Contexto;

Es el marco en el que algo tiene sentido, el trasfondo, el marco de referencias. Condiciones interrelacionadas en las que algo existe o se produce.

PROCESAMIENTO DE DATOS:

Se trata de la conversión de los datos sin procesar en una forma legible por patrones para su posterior procesamiento, como el almacenamiento, la reorganización o la programación por parte de los sistemas informáticos.

Recepción, procesamiento interno;

Admisión que incluye el acto, la acción o la instancia de recibir Datos con el fin de reenviarlos o transmitirlos.

Almacenamiento (Modelos y Memorias);

El almacenamiento es el espacio o lugar donde se colocan los Datos para convertirlos en Información. Un almacenamiento generalmente clasificado en categorías para este proceso

Transmisión (Modelos y Memorias); Se transmite a través de nuestro Lenguaje.

Enviar o transmitir de una persona a otra a través de varios medios incluso espaciales a través de comportamientos y una variedad de señales.

META PROGRAMA:

Indica una forma más altamente organizada o especializada hasta un punto incluso de cambio o transformación Datos e Información. Un amplio trascendido que involucra programas complejos, complicados y organizados para lograr el propósito de los programas.

Procesamiento de datos;

Conversión de los datos sin procesar en una forma legible y el procesamiento que se necesita para almacenar, actualizar, reordenar los datos y aplicarlos cuando y donde sea necesario.

Información de patrones y almacenamiento;

La recopilación, clasificación, almacenamiento, recuperación, de la información registrada tratada como información pura y aplicada.

Comprimir para hacer un modelo;

Reducir en tamaño o cantidad o volumen, a menudo se utiliza para las computadoras para los programas y archivos. Reducir los datos y la información a lo esencial y hacer un diseño estructurado y un modelo de los mismos.

EDUCAR:

Educar significa sacar. Formar mediante la instrucción formal y la práctica supervisada para desarrollar mentalmente, moralmente y estéticamente mediante la instrucción.

Cualidades únicas, talentos de cada uno;

La calidad indica una capacidad y un grado de excelencia con atributos distintivos en un estado lógico del ser ya sea afirmativo o negativo.

Un sentido de lo común;

Indica una posesión de rasgos comunes o atributos que indican lo común.

Una pertenencia y armonización de la individualidad única con un sentido de lo común.

Sacar a relucir;

Cada parte única de cada individuo de un conjunto que tiene una estrecha relación entre sí y trabaja al unísono permitiendo que los aspectos mantengan su singularidad.

HUMANO:

Persona, ser individual que tiene forma, atributos y características humanas. Los humanos son susceptibles o representan las simpatías y fragilidades de la naturaleza humana.

Mente;

El elemento o complejo de elementos en un individuo que siente, percibe, piensa, quiere, razona, eventos mentales conscientes con capacidades en el cerebro. La actividad mental consciente y subconsciente organizada de un órgano.

Emociones;

Son un aspecto afectivo de la conciencia en lo que respecta a los sentimientos. Generalmente una reacción consciente a una liberación química del sistema límbico en el cerebro.

Cuerpo;

Parte principal de la persona que se distingue como el conjunto del ser físico formado por diferentes sistemas corporales para formar el todo.

MEMORIA:

La capacidad de reproducir o recordar lo que se ha aprendido o retenido. La memoria se aplica tanto a la capacidad de recordar como a lo que se recuerda.

Real;

Recuerdos que uno tiene de sus experiencias. A veces se denominan recuerdos que uno cree tener. Se denominan recuerdos que cree haber experimentado porque nuestras experiencias se basan únicamente en la forma en que creemos que son. Nuestras experiencias son individuales, y los demás no experimentan las mismas experiencias de la misma manera que nosotros.

Vicarias;

Provienen de las cosas que conocemos con respecto a nuestras experiencias. Todo lo que aportamos a las experiencias, Incluido en la Memoria Vicaria son cosas como Sueños Reales, Sueños Diurnos, películas, libros y una variedad de otros Datos e información de nuestro entorno así como de nuestra imaginación.

Genética;

En ella se incluyen las experiencias incluidas en nuestro ADN. Información sobre el linaje familiar, las características de la familia, la composición física y las características del linaje familiar.

FAMILIA:

Grupo de individuos generalmente de una ascendencia común, considerada como derivada de un vínculo común.

Padre;

Hombre que ha engendrado un hijo o que está relacionado con otro de una manera que sugiere la relación de padre a hijo.

Madre;

Madre que ha dado a luz o está criando a un hijo. Niño;

Persona no nacida o recién nacida, joven, hijo o hija de padres humanos.

ÉXITO:

Grado o medida en la que se consigue un resultado favorable o deseado, como la obtención de riqueza y otras superaciones de circunstancias y logros.

Forma;

La naturaleza esencial de una cosa a diferencia de su materia, como una idea. Uno de los diferentes modos de existencia, acción o manifestación de una cosa determinada. Elemento estructural, plan o diseño de una cosa. Ser un elemento esencial o básico de inicio de una cosa.

Norma;

Un estándar de desarrollo o logro derivado de un patrón o plan y considerado procedimiento o práctica habitual.

Cumplir;

Hacer una cosa completa al concluir y cumplir con todos los requisitos, convirtiendo las potencialidades en realidad.

AMOR:

Un fuerte afecto por otro que surge de los lazos de parentesco o personales, que se traduce en devoción o admiración y en una preocupación desinteresada, leal y benévola por el bien del otro.

Fe;

Indica una sinceridad de intenciones, una creencia firme en algo para lo que no hay pruebas, tener una confianza y creencia completas.

Esperanza;

Apreciar o desear con anticipación y expectativa, a menudo con seguridad y confianza hacia el cumplimiento del deseo.

Caridad;

Generosidad y ayuda hacia los necesitados o los que sufren hasta el punto de hacer algo para ayudar o socorrer. Dar alivio, dar tolerancia y asistencia general a los demás.

PECADO:

Ofensa a una ley religiosa o moral. A menudo contra los demás y contra el propio infractor.

Culpa;

El hecho de haber cometido una conducta como la violación de una ley que conlleva una sanción.

Vergüenza;

Respuesta penosa causada por la sensación de culpabilidad, falta o incorrección con un estado de deshonra o desprestigio humillante.

Miedo;

Una respuesta de alarma o aprensión desagradable, a menudo una fuerte emoción causada por la antelación o la percepción de un peligro.

DIVINIDAD:

La naturaleza de Dios como existente en 3 personas. Padre;

El creador de todo. La fuente original, el primero de la Divinidad. Hijo;

Jesucristo, el unigénito del Padre de todas las creaciones. Espíritu Santo;

La tercera persona de la Divinidad, el Espíritu Santo, a veces llamado el Consolador.

REALIDAD:

La cualidad o estado que es real como en un acontecimiento, entidad o estado de cosas. La totalidad de las cosas y acontecimientos reales, la actualidad de la existencia.

Espacio;

Una extensión limitada en una, dos o tres dimensiones. El espacio puede ser ilimitado en una extensión tridimensional en la que los objetos y los acontecimientos se producen y tienen una posición y dirección relativas. El espacio físico es independiente de aquello que lo ocupa.

El tiempo;

Una norma de medidas entre eventos. Materia;

Algo de un tipo indicado o que tiene que ver con un campo o situación indicados. La sustancia de la que se compone un objeto físico, como una sustancia material que ocupa un espacio, tiene masa y está compuesta predominantemente por átomos formados por protones, neutrones y electrones, que constituye el universo observable y que es interconvertible con la energía.

ESPACIO/TIEMPO CONTINUO:

Es un sistema de una coordenada temporal y tres espaciales mediante el cual se puede localizar cualquier objeto físico aunque también se denomina espacio-tiempo continuo. Un conjunto o una parte de la realidad física determinable por un sistema de coordenadas cuatridimensional que incluye las propiedades características de un orden.

Suceso;

Algo que sucede, un acontecimiento, la entidad fundamental de la realidad física observada representada por un punto designado por tres coordenadas de lugar y una de tiempo en el espacio-tiempo continuo postulado por la teoría de la relatividad. Un subconjunto de posibles resultados de un experimento

Condición;

Una estipulación o estado del ser y del conjunto, como la mente, las emociones y el físico. Modificar de modo que un acto o una respuesta que antes se asociaba a un estímulo pasen a asociarse a otro.

Proceso;

Algo que ocurre, como en un fenómeno natural marcado por cambios graduales que conducen a un resultado particular. Una serie de acciones u operaciones que conducen a un fin mediante una operación o procedimiento continuo.

CAMBIO:

Alterar o hacer diferente en algún aspecto particular. Dar una postura, un rumbo o una dirección diferentes.

Dirección;

Instrucción o ayuda explícita para señalar una ruta adecuada a utilizar. El curso en el que algo se mueve o está destinado a moverse o a lo largo del cual algo apunta o se orienta.

Pregunta;

Expresión que se utiliza a menudo para poner a prueba la información y los datos, abierta a la discusión. Acto o instancia de preguntar o indagar. Examinar para solicitar más información y datos.

Modelo;

Diseño estructural o representación en miniatura de algo. Persona, acontecimiento, condición y otros que se admira y al que se busca parecerse.

VISIÓN DEL MUNDO:

La percepción de un individuo o grupo de los aspectos de su entorno en lo que respecta a sus propias creencias. Como verse a sí mismo o compararse con la reacción de su entorno.

Individual;

De o relativo a o asociado distintivamente con un individuo, destinado a una persona, que existe como una entidad distinta. Con características distintas, que lo distinguen de una clase o conjunto de otros.

Familia;

Que comparte ascendencia y está relacionado en algún aspecto común con vínculos de parentesco y familiaridad entre sí.

Sociedad;

Compañerismo o asociación con sus semejantes, asociación voluntaria de individuos para un fin común. Grupo organizado que trabaja conjuntamente o se reúne periódicamente por intereses, creencias o profesión comunes.

VISIÓN DE SÍ MISMO:

La visión de sí mismo o auto-visión es la visión que mostrará los patrones más disfuncionales en respuesta a la visión del mundo.

Yo; Yo abstracto. Yo;

El yo temporal del individuo reflexivo, que anticipa un viejo yo o un yo primario.

Yo;

El "yo", el conjunto de todos los aspectos que constituyen la individualidad de la persona.

NATURALEZA:

La naturaleza es la esencia, el carácter inherente o la constitución básica de una persona o cosa. Fuerza interior o la suma de fuerzas de un individuo, que es la fuerza que controla el universo. La naturaleza son las fuerzas que se distinguen por sus características fundamentales o de esencia. El mundo externo en su totalidad y las cualidades controladas genéticamente de un organismo. Instinto.

Estructura;

Disposición en un patrón u organización definida, un arreglo de partículas o partes en una sustancia o cuerpo. La estructura es la organización de las partes dominada por el carácter general de un sistema completo. La estructura es la configuración, el diseño y la arquitectura de un conjunto.

Patrón;

El patrón es la configuración natural o artificial de un sistema con muestras fiables de rasgos, actos, tendencias u otras características observables de un sistema. Un sistema discernible y coherente basado en las interrelaciones previstas de las partes que lo componen. Disposición estructural, arreglo, plantillas de la forma en que una cosa está unida, la secuenciación.

Proceso;

Los procesos son progresivos y avanzan en un fenómeno natural marcado por cambios graduales que conducen a un resultado particular. Actividad o función continua, natural o biológica, en una serie de acciones u operaciones que conducen a un fin. Integrar la información sensorial recibida para generalizar una acción o respuesta.

SABIDURÍA:

La sabiduría es un aprendizaje filosófico o científico acumulado, una capacidad para discernir cualidades y relaciones internas. La sabiduría incluye la percepción, la actitud, la creencia y el curso de acción. A menudo se considera que la sabiduría son las enseñanzas de los antiguos sabios.

Datos;

Los datos son hechos que se utilizan como base para una investigación exhaustiva. Los datos son, por lo general, resultados evidentes e incluso medibles a través de un dispositivo de detección del entorno. Los datos pueden ser útiles e irrelevantes o redundantes y deben ser procesados para que tengan sentido. Los datos son hechos, cifras y verdades.

Información;

Comunicación o recepción de inteligencia obtenida mediante la investigación, el estudio o la instrucción. La información es un atributo inherente y comunicado por una, dos o más secuencias o acuerdos alternativos de algo que produce efectos específicos. La información es una señal o carácter que representa la información de los datos que se diseñan a partir de ellos. La información se obtiene reuniendo los Datos y creando un diálogo de éstos para crear nuevas teorías basadas en el diálogo de dichos Datos. La información consiste en organizar los datos en un diálogo inteligente y legible.

Conocimiento;

Saber es la condición de conocer algo familiarizado con la experiencia o la asociación. El conocimiento es la condición de comprender la verdad o los hechos mediante el razonamiento y la aplicación de los mismos. Una condición de ser aprendido, tener conocimiento de los hechos, las ideas adquiridas por el estudio, la investigación, la observación y la experiencia. Tomar la información y las Nuevas Teorías y ponerlas en práctica para su experiencia y continuar la recopilación de datos y la investigación. Tener conocimiento implica un estado de conciencia, conocimiento,

conocimiento y realización, todo ello basado en la exposición personal, la familiaridad, la experiencia y el contacto.

TRANSFORMACIÓN:

La transformación es un acto, proceso o instancia de transformar o ser transformado. Es la operación de cambiar una configuración o expresión en otra de acuerdo con una regla matemática, científica, física y otras variables. La función debe cambiar para transformarse. Para transformar, la función debe cambiar, la función es una operación literal que convierte una cosa en otra. (por inserción, supresión o permutación).

La modificación genética ocurre en una bacteria por inserción de ADN de otra célula bacteriana.

Borrar;

Borrar significa eliminar algo, cortar algo o de alguna manera quitar una cosa. Algo debe llegar a su fin.

Insertar;

Insertar significa poner o introducir algo en el cuerpo de algo. Muchas veces Injertar es realmente introducir o adjuntar algo en el interior de una cosa como si fuera una instalación.

Permutar;

Permutar es un cambio importante o fundamental como en el carácter o la condición basada principalmente en la reordenación de los elementos existentes. Cambio, por acto o proceso, del orden lineal de un conjunto ordenado o reordenación de carácter o condiciones. Permeabilizar significa extender o difundir algo a través de la totalidad de sí mismo. Encontrar a veces una sola cosa para que se extienda por todo el conjunto.

CORRESPONDENCIA:

Relación entre conjuntos en la que cada miembro de un conjunto se asocia con uno o más miembros de los otros conjuntos. La correspondencia se compara con la función. La correspondencia consiste en compartir muchas características. Existe una correlación matemática entre los conjuntos, de hecho, todo debe corresponder a la Función como un Todo.

Similares;

Tener características en común y estrictamente comparables, iguales en la sustancia o en lo esencial, sin diferir en su forma más que en su tamaño o posición. Lo similar puede implicar incluso que se confunda entre sí, que sea casi lo mismo.

Unidad;

Continuidad sin desviación o cambio en cuanto a propósito o acción. Cualidad o estado de ser uno de cualquier disímil. Cantidad cuyo efecto es dejar sin cambios el multiplicando.

Integración;

El acto o proceso o instancia de incorporar como iguales en una organización o individuo de diferentes grupos. Coordinación de los procesos mentales en una personalidad efectiva normal o con el entorno del individuo. Operación de encontrar una función cuya diferencial se conoce, resolviendo la ecuación diferencial de la función.

CAMBIO TRANSFORMADOR:

Hacer un cambio importante de una cosa a otra como en forma, naturaleza o función. Cambio de nivel de identidad. Operación de cambio de una configuración o expresión en otra de acuerdo con una regla matemática, un cambio de variables o coordenadas en el que se sustituye una función de nuevas variables o coordenadas por cada variable o coordenada original. La fórmula que efectúa una transformación es una operación de conversión por inserción, supresión o permutación.

Conózcase a Sí Mismo
Sánese a Sí Mismo
Conozca y Sane a los demás

El tiempo influye en el cambio y es un elemento fundamental en éste. El cambio es una función real y requiere tanto del Espacio como del Tiempo para existir. Ver el tiempo desde el pasado hasta el futuro; observar a través del tiempo ayuda a evaluar las consecuencias, la causa y los efectos. A través del Tiempo las personas son individuos evaluativos. La gente atascada en el Tiempo, no puede salir del dolor y los problemas, estos individuos, atascados en el Tiempo se involucran en las drogas o el alcohol u otros pensamientos adictivos, comportamientos que se autolimitan del crecimiento y el cambio. Todo lo que se hace dentro de nuestro cuerpo es para una intención positiva. La enfermedad, el malestar, la emoción, el comportamiento, el pensamiento, todas las cosas que el subconsciente controla son para un estado de Plenitud para el individuo.

Cambiar a un estado de Plenitud no impide que el individuo pueda experimentar o hacer algo negativo, sino que le permite elegir hacer lo negativo o elegir no hacerlo. Para elegir no hacer una respuesta negativa o elegir no hacer nada, debe haber una cosa positiva que elegir hacer. La elección es el objetivo final, no el control. Sin elección, el cambio no es una opción.

Cada sistema del cuerpo está destinado a ser un Sistema Abierto y parte del sistema completo (Totalidad), que es todo el sistema (Totalidad), cuando todos los sistemas están abiertos y se corresponden juntos, tenemos el sistema completo (Identidad). Cuando cualquier sistema está cerrado, en cualquier área, otro sistema del cuerpo se ve desplomado por el sistema cerrado. Este es el intento del sistema corporal de recuperar la Totalidad. Cuando se precipita en otro sistema, se pierde la Identidad. Nuestro enemigo interno es nuestro yo, cayendo en picado para abrir nuestro sistema.

Esto entonces se convierte en el proceso adicto, Sistema Cerrado cuando cae en picada. Este cae en picado en el sistema corporal correspondiente, como se ilustra en el mapa del cuerpo. El Sistema Cerrado también puede ser identificado con la lingüística, por la(s) palabra(s) utilizada(s) para describir el problema que usted u otro individuo tiene. La palabra

(s) correspondientes con cualquiera de los sistemas sensoriales, sus procesos, modelos y Funciones, identificarán el sistema corporal cerrado.

Como este proceso corresponde a las órdenes de activación sensorial, hay un patrón específico para pasar por los tres procesos o pasos de todos los sistemas completos explicados en estas páginas. Los tres primeros sentidos activados son los pasos uno, dos y tres en el orden de actuación y activación. Los tres últimos pasos del proceso de cambio son la base del proceso del Sistema Abierto. De hecho, el tercer sentido activado es donde el sistema se convierte en sistema cerrado si no se impide que el tercer sentido activado continúe con el proceso satisfactorio. El proceso del sentido tres tiene que detenerse o morir para que el cuarto sentido activado comience el nuevo proceso. El tercer sentido activado es el sentido "cruzado", el punto de bifurcación en el que el sistema nervioso central cruza de un lado del cuerpo al sitio opuesto a través del orden de activación sensorial, sobre una base subconsciente. Se considera que este es el punto de cumplimiento del patrón para el logro y el éxito. Esta es la causa misma de la mayoría de los Sistemas Cerrados, al no estar Abiertos al cambio natural en sí mismo y al crecimiento continuo que hemos sido creados para tener y ser.

Si el tercer sentido que se activa es el sentido del olfato, entonces las estrategias del individuo deben detenerse, literalmente, para que se active el siguiente sentido. Las estrategias son la función principal del sentido del olfato. Las estrategias son una adaptación o un complejo de adaptaciones (como el comportamiento, el metabolismo o la estructura) que sirve o parece servir a una función importante para lograr el éxito evolutivo.

Tarea del Capítulo 5

Vuelva a consultar su Perfil de Personalidad y su orden de activación y sus Funciones. Haga una lista de las mismas. En la lista anterior de Totalidades, el número es la Totalidad y las letras son los Elementos que correspondiendo juntos sólo crean la Totalidad.

Cada letra pequeña "a" va a los sentidos del Sonido y la Vista, cada letra pequeña "b" va a los sentidos del Tacto y la Energía y cada letra pequeña "c" va a los sentidos del Gusto y el Olfato.

Escríbalas en su orden de activación con el sentido asociado al que van. Le sugiero que empiece con algunas Totalidades. Empiece con unas pocas y trabaje a partir de ahí. Repita todas estas tareas semanalmente y aprenda más.

La siguiente es una lista sugerida de totalidades para empezar. Elija 2 o 3 para empezar:

Sistema abierto - Tiempo - Sabiduría - Éxito - Humano - Cambio

Capítulo 6

CONÓZCASE A SI MISMO

Conózcase a sí mismo
Luego
Sánese a sí mismo
Entonces
Sane a los demás

CAMBIO TRANSFORMADOR:

1) CONÓZCASE A SÍ MISMO
2) SÁNESE A SI MISMO
3) CONOZCA Y SANE A LOS DEMÁS

Este proceso debe ocurrir antes de que podamos realmente conocer a otros y luego sanarlos. Como dijo Jesús, primero debemos sacar la paja de nuestro propio ojo antes de poder sacarla del ojo de otro.

Una persona no es un adicto, ni un alcohólico. Se necesitó un grupo para llegar aquí y se necesita un grupo para sacarnos y mantenernos fuera. Este grupo o equipo es la familia. La familia es la forma en que fuimos creados. Ya sea casado o soltero, se necesita un hombre y una mujer para crear un niño. A esto lo llamamos familia. La educación es importante para los niños y los adultos. El diccionario define educar como sacar. La familia debería sacar aspectos de cada individuo. Cualidades, habilidades, talentos, la familia debe tener un sentido de lo común entre los miembros y en el entorno familiar. El modelo familiar de unidad y seguridad en su entorno es el mismo modelo que los individuos utilizarán en la sociedad. Una vez que los individuos conocen sus talentos y habilidades, aprenden a armonizarlos en el entorno familiar para tener una sensación de equilibrio. El entorno incluye las respuestas y reacciones del cuerpo a diferentes pensamientos, sentimientos, comportamientos, etc. Esta respuesta ambiental refleja el entorno externo en el que el individuo ha sido entrenado para responder.

El subconsciente codifica las cosas según el lugar donde las pensamos. Esto se aplica al mapa corporal y a otros puntos de activación de recuerdos, programas, procesos y modelos.

Los niños reflejarán o serán un espejo para sus padres, otros hermanos, la familia, la comunidad, las áreas que los padres están negando, estas negaciones pueden ser sobre la necesidad contenida, la necesidad negada, las necesidades rechazadas o los talentos. Las Escrituras dicen que "los pecados de los padres están en la cabeza de los hijos por 4 generaciones".

Debemos cambiar nosotros mismos antes de poder ayudar a otro a cambiar. Para cambiar uno mismo, primero hay que conocerse a sí mismo. Aunque piense que se conoce a sí mismo, si tiene problemas personales que no puede superar, si tiene objetivos personales por los que se esfuerza y que no puede alcanzar, entonces no se conoce realmente. Creo que el Señor no nos da problemas que no podamos superar. Creo que si tenemos una meta por la que nos esforzamos, siempre tenemos los medios y las capacidades para alcanzar esa meta.

Una excelente manera de conocerse realmente a sí mismo es conocer su interior, su subconsciente. Si solo se conoce a si mismo conscientemente, y aun así no puede superar o alcanzar lo que su consciente conoce, conozca a su yo subconsciente y entonces podrá superar mejor sus problemas conscientemente, podrá alcanzar conscientemente sus objetivos conscientes. El consciente puede anular al subconsciente. Primero el consciente debe conocer los programas del subconsciente que están funcionando.

Todos tenemos META PROGRAMAS o PARADIGMAS en nuestro subconsciente. Programas que funcionan en todo nuestro cuerpo, cerebro, emociones y otros procesamientos y funciones que automáticamente crean nuestras respuestas conscientes.

Estos Paradigmas o Meta Programas han sido creados en el curso de la vida de un individuo, basados en muchos aspectos de la experiencia de vida del individuo. Estos Paradigmas han sido identificados y comprendidos durante muchos años. La información sobre estos Paradigmas se ha utilizado principalmente para ayudar a las empresas a ser capaces de hacer su dinero. Estos Paradigmas han sido enseñados y utilizados por la autoridad para manipular a la gente para que crea lo que las autoridades quieren que la gente crea. Esta información también se ha utilizado durante años para crear seminarios y libros motivacionales.

La información sobre estos Paradigmas, toda esta información sobre las formas en que funciona nuestro ser interior, son literalmente algunas formas de conocernos verdaderamente a nosotros mismos (Nuestro Ser Interior). Y cuando nos conocemos a nosotros mismos, podemos entonces elegir cambiar aspectos nuestros.

EVALUACIONES DE MODELOS HUMANOS HOLOGRÁFICOS

PREFERENCIA SENSORIAL DE LA PERSONALIDAD

Los puntos de referencia son siempre de los mismos Elementos y otros Meta mayores. Los puntos de Referencia, Decisión y Motivación son uno de cada sentido de los otros cuatro.

CONCEPTUALISTA

Vista -Referencia:

Basado en lo que se ve a través de este sentido. La pregunta principal es por qué, (razones, ideas, conceptos) Meta mayor: Borrar (diferencia).

Elementos: Mental: (Conciencia Humana), Pasado: (Tiempo), Datos: (Sabiduría), Tomar Acción: (Elección), Dirección: (Cambio), Individual: (Visión del Mundo), Real: (Memoria), Identidad: (Función Humana), Estructura: (Naturaleza), Equivocado: (Cuántico), Intención: (Mensaje), Recepción: (Secuencia de procesamiento de datos), Negar: (Sistema Cerrado), Admitir: (Sistema Abierto), Borrar: (Transformación).

Olfato - Decisión:

Basado en lo que se huele a través de este sentido. La pregunta principal es Dónde. (Estrategias) Meta mayor: Generalizar (igualdad).

Elementos: Físico: (Conciencia humana), Futuro: (Tiempo), Conocimiento: (Sabiduría), Dejar que otros actúen: (Elección), Modelado: (Cambio), Sociedad: (Visión del mundo), Genético: (Memoria), Creación: (Función humana), Procesos: (Naturaleza), Muerte: (Cuántica), Contexto: (Mensaje), Transmitir: (Secuencia de procesamiento de datos), Reprimir: (Sistema cerrado), Expresar: (Sistema abierto), Permutación: (Transformación)

Energía - Motivador:

Basado en las acciones en el entorno y en tu interior, también en las intuiciones que tienes. La cuestión principal es cuál. (Acción, Intuición) Meta Mayor: Distorsionar (disminuir).

Elementos: Emociones: (Conciencia Humana), Presente: (Tiempo), Información: (Sabiduría), No Acción: (Elección), Pregunta: (Cambio), Familia: (Visión del Mundo), Vicario: (Memoria), Comunicación: (Función Humana), Patrones: (Naturaleza), Ser: (Cuántico), Contenido: (Mensaje),

Almacenamiento: (Secuencia de procesamiento de datos), Rechazar: (Sistema Cerrado), Aceptar: (Sistema Abierto), Insertar: (Transformación).

Sonido - Referencia:

Basado en cualquier cosa que se escuche a través de este sentido, ya sea ambiental o interno, como los pensamientos: La cuestión principal es qué. (Valores, Ética, Sentido) Meta Mayor: Borrar (igualdad).

Elementos: Mental: (Conciencia humana), Pasado: (Tiempo), Datos: (Sabiduría), Tomar acción: (Elección), Dirección: (Cambio), Individual: (Visión del mundo), Real: (Memoria), Identidad: (Función humana), Estructura: (Naturaleza), Derecho: (Cuántico), Intención: (Mensaje), Recepción: (Secuencia de procesamiento de datos), Negar: (Sistema cerrado), Admitir: (Sistema abierto), Borrar: (Transformación).

Tacto - Decisión:

Basado en todo lo que se siente a través de este sentido: La pregunta principal es ¿Quién? (Relaciones, la forma en que las cosas se relacionan entre sí), Meta mayor: Distorsionar (Amplificación).

Elementos: Emociones: (Conciencia humana), Presente: (Tiempo), Información: (Sabiduría), No Acción: (Elección), Pregunta: (Cambio), Familia: (Visión del mundo), Vicario: (Memoria), Comunicación: (Función humana), Patrones: (Naturaleza), Dios: (Cuántica), Contenido: (Mensaje), Almacenamiento: (Secuencia de procesamiento de datos), Rechazo: (Sistema cerrado), Aceptación: (Sistema abierto), Inserción: (Transformación).

Gusto - Motivador:

Basado en cualquier cosa experimentada por este sentido: La pregunta principal es cómo. (Creer en el carácter, identificar el carácter), Meta Mayor: Generalizar (diferencia).

Elementos: Físico: (Conciencia humana), Futuro: (Tiempo), Conocimiento: (Sabiduría), Dejar que otros actúen: (Elección), Modelado: (Cambio), Sociedad: (Visión del mundo), Genético: (Memoria), Creación: (Función humana), Procesos: (Naturaleza), Vida: (Cuántica), Contexto: (Mensaje), Transmitir: (Secuencia de procesamiento de datos), Reprimir: (Sistema cerrado), Expresar: (Sistema abierto), Permutación: (Transformación)

IDEALISTA

Sonido - Referencia:

Basado en todo lo que se escucha a través de este sentido, ya sea ambiental o interno, como los pensamientos: La cuestión principal es el qué. (Valores, Ética, Sentido) Mayor Meta: Borrar (igualdad).

Elementos: Mental: (Conciencia humana), Pasado: (Tiempo), Datos: (Sabiduría), Tomar acción: (Elección), Dirección: (Cambio), Individual: (Visión del mundo), Real: (Memoria), Identidad: (Función humana), Estructura: (Naturaleza), Derecho: (Cuántico), Intención: (Mensaje), Recepción: (Secuencia de procesamiento de datos), Negar: (Sistema cerrado), Admitir: (Sistema abierto), Borrar: (Transformación).

Tacto - Decisión:

Basado en todo lo que se siente a través de este sentido: La pregunta principal es ¿Quién? (Relaciones, la forma en que las cosas se relacionan entre sí), Mayor Meta: Distorsionar (Amplificación).

Elementos: Emociones: (Conciencia humana), Presente: (Tiempo), Información: (Sabiduría), No Acción: (Elección), Pregunta: (Cambio), Familia: (Visión del mundo), Vicario: (Memoria), Comunicación: (Función humana), Patrones: (Naturaleza), Dios: (Cuántica), Contenido: (Mensaje), Almacenamiento: (Secuencia de procesamiento de datos), Rechazo: (Sistema cerrado), Aceptación: (Sistema abierto), Inserción: (Transformación).

Gusto - Motivador:

Basado en cualquier cosa experimentada por este sentido: La pregunta principal es cómo. (Creer en el carácter, identificar el carácter), Meta Mayor: Generalizar (diferencia).

Elementos: Físico: (Conciencia humana), Futuro: (Tiempo), Conocimiento: (Sabiduría), Dejar que otros actúen: (Elección), Modelado: (Cambio), Sociedad: (Visión del mundo), Genético: (Memoria), Creación: (Función humana), Procesos: (Naturaleza), Vida: (Cuántica), Contexto: (Mensaje), Transmitir: (Secuencia de procesamiento de datos), Reprimir: (Sistema cerrado), Expresar: (Sistema abierto), Permutación: (Transformación).

Vista - Referencia:

Basado en lo que se ve a través de este sentido. La pregunta principal es por qué, (Razones, Ideas, Conceptos) Meta mayor: Borrar (diferencia).

Elementos: Mental: (Conciencia Humana), Pasado: (Tiempo), Datos: (Sabiduría), Tomar Acción: (Elección), Dirección: (Cambio), Individual: (Visión del Mundo), Real: (Memoria), Identidad: (Función Humana), Estructura: (Naturaleza), Equivocado: (Cuántico), Intención: (Mensaje), Recepción: (Secuencia de procesamiento de datos), Negar: (Sistema Cerrado), Admitir: (Sistema Abierto), Borrar: (Transformación).

Olfato - Decisión:

Basado en lo que se huele a través de este sentido. La pregunta principal es Dónde. (Estrategias) Meta mayor: Generalizar (igualdad).

Elementos: Físico: (Conciencia humana), Futuro: (Tiempo), Conocimiento: (Sabiduría), Dejar que otros actúen: (Elección), Modelado: (Cambio), Sociedad: (Visión del mundo), Genético: (Memoria), Creación: (Función humana), Procesos: (Naturaleza), Muerte: (Cuántica), Contexto: (Mensaje), Transmitir: (Secuencia de procesamiento de datos), Reprimir: (Sistema cerrado), Expresar: (Sistema abierto), Permutación: (Transformación).

Energía - Motivador:

Basado en las acciones en el entorno y en tu interior, también en las intuiciones que tienes. La cuestión principal es cuál. (Acción, Intuición) Meta Mayor: Distorsionar (disminuir).

Elementos: Emociones: (Conciencia Humana), Presente: (Tiempo), Información: (Sabiduría), No Acción: (Elección), Pregunta: (Cambio), Familia: (Visión del Mundo), Vicario: (Memoria), Comunicación: (Función Humana), Patrones: (Naturaleza), Ser: (Cuántico), Contenido: (Mensaje), Almacenamiento: (Secuencia de procesamiento de datos), Rechazar: (Sistema Cerrado), Aceptar: (Sistema Abierto), Insertar: (Transformación).

RELACIONALISTA

Tacto - Referencia:

Basado en todo lo que se siente a través de este sentido: La pregunta principal es ¿Quién? (Relaciones, la forma en que las cosas se relacionan entre sí), Meta Mayor: Distorsionar (Amplificación).

Elementos: Emociones: (Conciencia humana), Presente: (Tiempo), Información: (Sabiduría), No Acción: (Elección), Pregunta: (Cambio), Familia: (Visión del mundo), Vicario: (Memoria), Comunicación: (Función humana), Patrones: (Naturaleza), Dios: (Cuántica), Contenido: (Mensaje), Almacenamiento: (Secuencia de procesamiento de datos), Rechazo: (Sistema cerrado), Aceptación: (Sistema abierto), Inserción: (Transformación).

Gusto - Decisión:

Basado en todo lo experimentado por este sentido: La pregunta principal es cómo. (Creencia sobre el carácter, identificación del carácter), Meta mayor: Generalizar (diferencia).

Elementos: Físico: (Conciencia humana), Futuro: (Tiempo), Conocimiento: (Sabiduría), Dejar que otros actúen: (Elección), Modelado: (Cambio), Sociedad: (Visión del mundo), Genético: (Memoria), Creación: (Función humana), Procesos: (Naturaleza), Vida: (Cuántica), Contexto: (Mensaje), Transmitir: (Secuencia de procesamiento de datos), Reprimir: (Sistema cerrado), Expresar: (Sistema abierto), Permutación: (Transformación).

Sonido - Motivador:

Basado en cualquier cosa que se escuche a través de este sentido, ya sea ambiental o interno, como los pensamientos: La cuestión principal es el qué. (Valores, Ética, Sentido) Meta Mayor: Borrar (igualdad).

Elementos: Mental: (Conciencia humana), Pasado: (Tiempo), Datos: (Sabiduría), Tomar acción: (Elección), Dirección: (Cambio), Individual: (Visión del mundo), Real: (Memoria), Identidad: (Función humana), Estructura: (Naturaleza), Derecho: (Cuántico), Intención: (Mensaje), Recepción: (Secuencia de procesamiento de datos), Negar: (Sistema cerrado), Admitir: (Sistema abierto), Borrar: (Transformación).

Energía - Referencia:

Basado en las acciones en el entorno y en su interior, también en las intuiciones que tiene. La pregunta principal es cuál. (Acción, Intuición) Meta Mayor: Distorsionar (Disminuir).

Elementos: Emociones: (Conciencia Humana), Presente: (Tiempo), Información: (Sabiduría), No Acción: (Elección), Pregunta: (Cambio), Familia: (Visión del Mundo), Vicario: (Memoria), Comunicación: (Función Humana), Patrones:(Naturaleza), Ser: (Cuántico), Contenido: (Mensaje), Almacenamiento: (Secuencia de procesamiento de datos), Rechazar: (Sistema Cerrado), Aceptar: (Sistema Abierto), Insertar: (Transformación).

Vista - Referencia:

Basado en lo que se ve a través de este sentido. La pregunta principal es por qué, (Razones, Ideas, Conceptos) Meta mayor: Borrar (diferencia).

Elementos: Mental: (Conciencia Humana), Pasado: (Tiempo), Datos: (Sabiduría), Tomar Acción: (Elección), Dirección: (Cambio), Individual: (Visión del Mundo), Real: (Memoria), Identidad: (Función Humana), Estructura: (Naturaleza), Equivocado: (Cuántico), Intención: (Mensaje), Recepción: (Secuencia de procesamiento de datos), Negar: (Sistema Cerrado), Admitir: (Sistema Abierto), Borrar: (Transformación).

Olfato - Motivador:

Basado en lo que se huele a través de este sentido. La cuestión principal es dónde. (Estrategias) Meta mayor: Generalizar (igualdad).

Elementos: Físico: (Conciencia humana), Futuro: (Tiempo), Conocimiento: (Sabiduría), Dejar que otros actúen: (Elección), Modelado: (Cambio), Sociedad: (Visión del mundo), Genético: (Memoria), Creación: (Función humana), Procesos: (Naturaleza), Muerte: (Cuántica), Contexto: (Mensaje), Transmitir: (Secuencia de procesamiento de datos), Reprimir: (Sistema cerrado), Expresar: (Sistema abierto), Permutación: (Transformación).

ACCIONISTA

Energía - Referencia:

Basado en las acciones en el entorno y en su interior, también en las intuiciones que tiene. La cuestión principal es cuál. (Acción, Intuición) Meta Mayor: Distorsionar (disminuir).

Elementos: Emociones: (Conciencia Humana), Presente: (Tiempo), Información: (Sabiduría), No Acción: (Elección), Pregunta: (Cambio), Familia: (Visión del Mundo), Vicario: (Memoria), Comunicación: (Función Humana), Patrones: (Naturaleza), Ser: (Cuántico), Contenido: (Mensaje), Almacenamiento: (Secuencia de procesamiento de datos), Rechazar: (Sistema Cerrado), Aceptar: (Sistema Abierto), Insertar: (Transformación).

Vista - Decisión:

Basado en lo que se ve a través de este sentido. La pregunta principal es por qué, (Razones, Ideas, Conceptos) Meta mayor: Borrar (diferencia).

Elementos: Mental: (Conciencia humana), Pasado: (Tiempo), Datos: (Sabiduría), Tomar acción: (Elección), Dirección: (Cambio), Individual: (Visión del mundo), Real: (Memoria), Identidad: (Función humana), Estructura: (Naturaleza), Equivocado: (Cuántico), Intención: (Mensaje), Recepción: (Secuencia de procesamiento de datos), Negar: (Sistema cerrado), Admitir: (Sistema abierto), Borrar: (Transformación).

Olfato - Motivador:

Basado en lo que se huele a través de este sentido. La cuestión principal es dónde. (Estrategias) Meta mayor: Generalizar (igualdad).

Elementos: Físico: (Conciencia humana), Futuro: (Tiempo), Conocimiento: (Sabiduría), Dejar que otros actúen: (Elección), Modelado: (Cambio), Sociedad: (Visión del mundo), Genético: (Memoria), Creación: (Función humana), Procesos: (Naturaleza), Muerte: (Cuántica), Contexto: (Mensaje), Transmitir: (Secuencia de procesamiento de datos), Reprimir: (Sistema cerrado), Expresar: (Sistema abierto), Permutación: (Transformación).

Tacto - Referencia:

Basado en todo lo que se siente a través de este sentido: La pregunta principal es ¿Quién? (Relaciones, la forma en que las cosas se relacionan entre sí), Meta mayor: Distorsionar (Amplificación).

Elementos: Emociones: (Conciencia humana), Presente: (Tiempo), Información: (Sabiduría), No Acción: (Elección), Pregunta: (Cambio), Familia: (Visión del mundo), Vicario: (Memoria), Comunicación: (Función humana), Patrones: (Naturaleza), Dios: (Cuántica), Contenido: (Mensaje), Almacenamiento: (Secuencia de procesamiento de datos), Rechazo: (Sistema cerrado), Aceptación: (Sistema abierto), Inserción: (Transformación).

Gusto - Decisión:

Basado en todo lo experimentado por este sentido: La pregunta principal es cómo. (Creencia sobre el carácter, identificación del carácter), Meta mayor: Generalizar (diferencia).

Elementos: Físico: (Conciencia humana), Futuro: (Tiempo), Conocimiento: (Sabiduría), Dejar que otros actúen: (Elección), Modelado: (Cambio), Sociedad: (Visión del mundo), Genético: (Memoria), Creación: (Función humana), Procesos: (Naturaleza), Vida: (Cuántica), Contexto: (Mensaje), Transmitir: (Secuencia de procesamiento de datos), Reprimir: (Sistema cerrado), Expresar: (Sistema abierto), Permutación: (Transformación).

Sonido - Motivador:

Se basa en todo lo que se escucha a través de este sentido, ya sea ambiental o interno, como los pensamientos: La pregunta principal es qué. (Valores, Ética, Sentido) Meta mayor: Borrar (igualdad).

Elementos: Mental:(Conciencia humana), Pasado:(Tiempo), Datos:(Sabiduría), Tomar acción:(Elección), Dirección:(Cambio), Individual:(Visión del mundo), Real:(Memoria), Identidad:(Función humana), Estructura:(Naturaleza), Derecho:(Cuántico), Intención:(Mensaje), Recepción:(Secuencia de procesamiento de datos), Negar:(Sistema cerrado), Admitir:(Sistema abierto), Borrar:(Transformación).

ESTRATÉGICO

Olfato - Referencia:

Basado en lo que se huele a través de este sentido. La cuestión principal es dónde. (Estrategias) Meta mayor: Generalizar (igualdad).

Elementos: Físico: (Conciencia humana), Futuro: (Tiempo), Conocimiento: (Sabiduría), Dejar que otros actúen: (Elección), Modelado: (Cambio), Sociedad: (Visión del mundo), Genético: (Memoria), Creación: (Función humana), Procesos: (Naturaleza), Muerte: (Cuántica), Contexto: (Mensaje), Transmitir: (Secuencia de procesamiento de datos), Reprimir: (Sistema cerrado), Expresar: (Sistema abierto), Permutación: (Transformación).

Energía - Decisión:

Basada en las acciones en el entorno y en su interior, también en las intuiciones que tiene. La cuestión principal es cuál. (Acción, Intuición) Meta Mayor: Distorsionar (disminuir).

Elementos: Emociones: (Conciencia Humana), Presente: (Tiempo), Información: (Sabiduría), No Acción: (Elección), Pregunta: (Cambio), Familia: (Visión del Mundo), Vicario: (Memoria), Comunicación: (Función Humana), Patrones: (Naturaleza), Ser: (Cuántico), Contenido: (Mensaje), Almacenamiento: (Secuencia de procesamiento de datos), Rechazar: (Sistema Cerrado), Aceptar: (Sistema Abierto), Insertar: (Transformación).

Vista - Motivador:

Basado en lo que se ve a través de este sentido. La pregunta principal es por qué, (Razones, Ideas, Conceptos) Meta mayor: Borrar (diferencia).

Elementos: Mental: (Conciencia Humana), Pasado: (Tiempo), Datos: (Sabiduría), Tomar Acción: (Elección), Dirección: (Cambio), Individual: (Visión del Mundo), Real: (Memoria), Identidad: (Función Humana), Estructura: (Naturaleza), Equivocado: (Cuántico), Intención: (Mensaje), Recepción: (Secuencia de procesamiento de datos), Negar: (Sistema Cerrado), Admitir: (Sistema Abierto), Borrar: (Transformación).

Gusto - Referencia:

Basado en cualquier cosa experimentada por este sentido: La pregunta principal es cómo. (Creencia sobre el carácter, identificando el carácter), Meta mayor: Generalizar (diferencia).

Elementos: Físico: (Conciencia humana), Futuro: (Tiempo), Conocimiento: (Sabiduría), Dejar que otros actúen: (Elección), Modelado: (Cambio),

Sociedad: (Visión del mundo), Genético: (Memoria), Creación: (Función humana), Procesos: (Naturaleza), Vida: (Cuántica), Contexto: (Mensaje), Transmitir: (Secuencia de procesamiento de datos), Reprimir: (Sistema cerrado), Expresar: (Sistema abierto), Permutación: (Transformación).

Sonido - Decisión:

Se basa en todo lo que se escucha a través de este sentido, ya sea ambiental o interno, como los pensamientos: La pregunta principal es qué. (Valores, Ética, Sentido) Meta Mayor: Borrar (igualdad).

Elementos: Mental: (Conciencia humana), Pasado: (Tiempo), Datos: (Sabiduría), Tomar acción: (Elección), Dirección: (Cambio), Individual: (Visión del mundo), Real: (Memoria), Identidad: (Función humana), Estructura: (Naturaleza), Derecho: (Cuántico), Intención: (Mensaje), Recepción: (Secuencia de procesamiento de datos), Negar: (Sistema cerrado), Admitir: (Sistema abierto), Borrar: (Transformación).

Tacto - Motivador:

Basado en todo lo que se siente a través de este sentido: La pregunta principal es ¿Quién? (Relaciones, la forma en que las cosas se relacionan entre sí), Meta mayor: Distorsionar (Amplificación).

Elementos: Emociones: (Conciencia humana), Presente: (Tiempo), Información: (Sabiduría), No acción: (Elección), Pregunta: (Cambio), Familia: (Visión del mundo), Vicario: (Memoria), Comunicación: (Función humana), Patrones: (Naturaleza), Dios: (Cuántica), Contenido: (Mensaje), Almacenamiento: (Secuencia de procesamiento de datos), Rechazo: (Sistema cerrado), Aceptación: (Sistema abierto), Inserción: (Transformación).

FUNCIONISTA

Gusto - Referencia:

Basado en todo lo experimentado por este sentido: La pregunta principal es cómo. (Creencia sobre el carácter, identificación del carácter), Meta mayor: Generalizar (diferencia).

Elementos: Físico: (Conciencia humana), Futuro: (Tiempo), Conocimiento: (Sabiduría), Dejar que otros actúen: (Elección), Modelado: (Cambio), Sociedad: (Visión del mundo), Genético: (Memoria), Creación: (Función humana), Procesos: (Naturaleza), Vida: (Cuántica), Contexto: (Mensaje), Transmitir: (Secuencia de procesamiento de datos), Reprimir: (Sistema cerrado), Expresar: (Sistema abierto), Permutación: (Transformación).

Sonido - Decisión:

Se basa en todo lo que se escucha a través de este sentido, ya sea ambiental o interno, como los pensamientos: La pregunta principal es qué. (Valores, Ética, Sentido) Meta Mayor: Borrar (igualdad).

Elementos: Mental: (Conciencia humana), Pasado: (Tiempo), Datos: (Sabiduría), Tomar acción: (Elección), Dirección: (Cambio), Individual: (Visión del mundo), Real: (Memoria), Identidad: (Función humana), Estructura: (Naturaleza), Derecho: (Cuántico), Intención: (Mensaje), Recepción: (Secuencia de procesamiento de datos), Negar: (Sistema cerrado), Admitir: (Sistema abierto), Borrar: (Transformación).

Tacto - Motivador:

Basado en todo lo que se siente a través de este sentido: La pregunta principal es ¿Quién? (Relaciones, la forma en que las cosas se relacionan entre sí), Meta mayor: Distorsionar (Amplificación).

Elementos: Emociones: (Conciencia humana), Presente: (Tiempo), Información: (Sabiduría), No acción: (Elección), Pregunta: (Cambio), Familia: (Visión del mundo), Vicario: (Memoria), Comunicación:

(Función humana), Patrones: (Naturaleza), Dios: (Cuántica), Contenido: (Mensaje), Almacenamiento: (Secuencia de procesamiento de datos), Rechazo: (Sistema cerrado), Aceptación: (Sistema abierto), Inserción: (Transformación).

Olfato - Referencia:

Basado en lo que se huele a través de este sentido. La cuestión principal es dónde. (Estrategias) Meta mayor: (Sistema cerrado), Aceptar: (Sistema abierto), Insertar: (Transformación): Generalizar (igualdad).

Elementos: Físico: (Conciencia humana), Futuro: (Tiempo), Conocimiento: (Sabiduría), Dejar que otros actúen: (Elección), Modelado: (Cambio), Sociedad: (Visión del mundo), Genético: (Memoria), Creación: (Función humana), Procesos: (Naturaleza), Muerte: (Cuántica), Contexto: (Mensaje), Transmitir: (Secuencia de procesamiento de datos), Reprimir: (Sistema cerrado), Expresar: (Sistema abierto), Permutación: (Transformación).

Energía - Decisión:

Basada en las acciones en el entorno y en tu interior, también en las intuiciones que tienes. La cuestión principal es cuál. (Acción, Intuición) Meta Mayor: Distorsionar (disminuir).

Elementos: Emociones: (Conciencia Humana), Presente: (Tiempo), Información: (Sabiduría), No Acción: (Elección), Pregunta: (Cambio), Familia: (Visión del Mundo), Vicario: (Memoria), Comunicación: (Función Humana), Patrones: (Naturaleza), Ser: (Cuántico), Contenido: (Mensaje), Almacenamiento: (Secuencia de procesamiento de datos), Rechazar: (Sistema Cerrado), Aceptar: (Sistema Abierto), Insertar: (Transformación).

Vista - Motivador:

Basado en lo que se ve a través de este sentido. La pregunta principal es por qué, (Razones, Ideas, Conceptos) Meta mayor: Borrar (diferencia).

Elementos: Mental: (Conciencia Humana), Pasado: (Tiempo), Datos: (Sabiduría), Tomar Acción: (Elección), Dirección: (Cambio), Individual: (Visión del Mundo), Real: (Memoria), Identidad: (Función Humana), Estructura: (Naturaleza), Equivocado: (Cuántico), Intención: (Mensaje), Recepción: (Secuencia de procesamiento de datos), Negar: (Sistema Cerrado), Admitir: (Sistema Abierto), Borrar: (Transformación).

Tarea para el capítulo 6

He enumerado el Sentido, la Función abstracta y todos sus Elementos conocidos en sus órdenes de activación sensorial. Espero que usted haya estudiado y hecho sus tareas. Porque ahora, lo invito a guardar en su diario los Elementos con sus sentidos en su orden de activación.

Utilice esto en su vida diaria y conozca más su ser. Esto es para ganar Sabiduría, Caridad y Éxito. No con el propósito de abatirte. Haz estos ejercicios y sé capaz de elevarte.

Capítulo 7

SÁNESE A SÍ MISMO

Los seres humanos son seres increíbles y complicados. Cada individuo ha sido creado como un Ser Completo, con muchos aspectos diferentes. Desde que se conoce la historia, la gente ha estudiado el Ser Completo en todos sus diferentes aspectos. A medida que pasa el tiempo, se descubre más y más sobre algunos aspectos de nuestro Ser. Se están descubriendo nuevos aspectos con el paso del tiempo mientras otras personas buscan diferentes aspectos del Ser Humano. Estos son algunos de los aspectos de nuestro Ser Interior que se conocen hoy en día, muchos de estos aspectos se conocen desde hace bastante tiempo. Tal vez, nuevos aspectos serán descubiertos por otros Seres Humanos a medida que el tiempo avanza.

Subjetividad: El efecto del observador sobre lo observado. El subconsciente es la parte subjetiva de nuestro cerebro. No es objetivo, sino que sólo tiene programas y modelos que son activados por el observador (el entorno). Esto es lo que acabamos llamando nuestra identidad, nuestras creencias y todos los aspectos de nuestra naturaleza humana, cuando en realidad no lo es. La mente consciente del ser humano es objetiva, puede percibir, evaluar, juzgar y decidir, mientras que el subconsciente no es capaz de estas funciones.

Las peligrosas consecuencias de vivir nuestra vida cuando nuestro interior es un misterio para nosotros. Conózcase a sí mismo. El subconsciente es el misterio.

La plenitud: Lo que se resiste, persiste.

Integridad: La condición de estar entero o completo. La integridad es el proceso de hacer un todo. La integridad existe porque la estructura y los procesos de los sistemas naturales están unificados de manera que hacen que las partes trabajen juntas en similitud y correspondencia paralelas. El verdadero yo natural.

Teoría de la Transformación Humana, la forma en que desarrollamos modelos, paradigmas y visiones del mundo:

- Sistemas de Aprendizaje Holográfico
- Sistema de Salud Holográfico

Las integraciones, los conceptos, los principios y los modelos funcionan juntos.

Datos:

1) El ser humano es natural
2) Los humanos son sistemas
3. El sistema humano está compuesto por partes o elementos.

Sistema: entidad o conjunto de elementos o partes que forman un todo completo o una totalidad.

Los 3 elementos del ser humano: 1) Mente, 2) Emociones, 3) Cuerpo Universal

Ley o Principio, Similitud y Correspondencia

Correspondencia: La naturaleza que tiene partes o procesos en cualquier nivel de la misma forma que resuena como uno.

Principio de Correspondencia: Las partes similares cambian juntas. Ejemplo; 2 electrones, cuando 1 cambió su espín, el otro también cambió.

Sistemas Humanos; 3 Funciones Básicas:

1) Base de la identidad o de la personalidad
2) Funciones de comunicación y procesamiento de la información
3) Creación

Elemento de cada sistema del Ser Natural: Mente, Emoción, Cuerpo.

Funciones de cada Elemento del Ser Natural: Identidad, Comunicación, Creación.

Funciones abstractas de nivel superior: los aspectos del pensamiento para cada uno de los sentidos.

Unidad: Aspectos unificadores de los Sistemas Naturalmente Integrados. La Totalidad de partes relacionadas que es un todo complejo.

Principio de Unidad: Cualidad o estado de ser hecho Uno, continuidad sin desviación o cambio como en el Propósito de las acciones.

Sistemas integrados: Los elementos están interrelacionados y son interdependientes. La modificación de un elemento de un sistema integrador afecta al resto del sistema. Si se modifica una parte del sistema, se modifican todas las demás. El sistema humano es un sistema integral por lo que puede unificar partes que son muy diferentes.

Correspondencia: Unión de partes similares.
Unidad: Unión de partes que son disímiles.

Campo de Conciencia/Personalidad, la suma total de todos los movimientos que representan nuestro procesamiento interno.

Campo: Un ámbito de actividad, región del espacio caracterizada por una propiedad física (como la fuerza gravitatoria, donde cada punto de la región tiene un efecto o valor determinable).

La conciencia humana es un campo.

La mente-campo, piensa, razona, reflexiona, es lógica, objetiva, forma jerarquías, y es el centro consciente de la Identidad/Personalidad.

Los sistemas vivos son sistemas abiertos. Los Sistemas Abiertos reciben información, datos, y los Sistemas Vivos son energía del entorno. Los Sistemas Abiertos tienen Modalidades (canales) para recibir la entrada del entorno. Estas modalidades son nuestros sentidos.

Los 7 Sentidos: Modalidades de recepción y procesamiento de información, datos. Las energías del entorno son el Sonido, la Vista, el Tacto, la Energía, el Gusto, el Olfato y el Tiempo (el yo). En primer lugar, reciben datos. El procesamiento interno de funciones intercambia y procesan la información.

Integración: Hacer un todo. Esto funciona debido a los principios de unidad y correspondencia, el principio de realidad y el principio de totalidad.

Principio de Realidad: No conocemos la diferencia entre lo real y lo imaginario. Lo que una parte de un aspecto de nosotros cree, la parte entera de nosotros aprenderá a creer.

Principio de Totalidad: La fuerza integradora que nos mantiene unidos, la unificación interna proviene del macrosistema para vivir y crecer. "Lo que resistimos persiste". Esta fuerza promueve la Integración de todas nuestras partes, por lo que "Lo que resistimos, persiste".

Secuencia de procesamiento de datos:

1) Recepción
2) Procesamiento (interno)
3) Almacenamiento (como Modelos y Memorias)
4) Transmisión (modelos y recuerdos transmitidos a través del lenguaje, los comportamientos y las enfermedades)
5) Submodalidades, Modalidades divididas en trozos más pequeños, desgloses más detallados.
6) Simbolizar, a través de las Modalidades y/o las Submodalidades casi siempre sólo las descripciones sensoriales, la pregunta o los Elementos pertenecientes al modelo es la Teoría Humana Holográfica.

Sistema energético: Las corrientes de energía invisible fluyen por el cuerpo para revitalizar y regenerar las células y los sistemas corporales. Estas pueden ser bloqueadas por cosas como la ansiedad, la depresión, la ira, el miedo y el deseo. Muchos de los problemas cotidianos de la vida, por no hablar de las crisis, bloquean este flujo invisible de Energía que atraviesa nuestro cuerpo impidiendo que se regenere.

Personalidad: Un patrón de comportamientos y creencias de carácter colectivo, rasgos temporales, emocionales y mentales. Dependiendo de su orden de activación sensorial, tiene diferentes modelos de programa de datos para incluso crear sus programas. Estos son comportamientos y creencias de carácter. Estos programas temporales y cada aspecto de usted son creados subjetivamente por las experiencias de su vida.

De nuevo, recuerde y practique sus pensamientos y respuestas conscientes. Usted es el programador de su ordenador, el subconsciente.

Ciclos de procesamiento; patrones generales de activación:

Los 3 primeros sentidos activados son referencias y procesos externos. La forma en que procesamos, también el el entorno, el exterior, y las cosas que suceden que no podemos controlar. A esto lo llamamos nuestra visión del mundo.

Los últimos 3 sentidos activados son referencias y procesos internos. Son los sentidos por los que nos procesamos (a nosotros mismos). Estas son las cosas que podemos controlar. Todos sabemos que no podemos cambiar el mundo, pero sí podemos cambiarnos a nosotros mismos.

"Superposiciones de la personalidad": Son huellas de los padres y de la sociedad. Incluso se habla de diferentes generaciones de seres humanos. El espacio y el tiempo en el que crecemos juegan un gran papel en todos los aspectos de nosotros mismos. Las escrituras hacen referencia a los pecados de los padres en la cabeza de los hijos durante cuatro generaciones. Ya sea que los pecados sean obvios o más en la línea de las deficiencias, heredamos estas características y otros rasgos de nuestras familias durante tres generaciones atrás. Si usted ha realizado un trabajo sobre los ancestros, comprobará que esto es cierto.

La S es el símbolo de la física que representa la Entropía.

La Entropía puede ser descrita y aplicada de numerosas maneras a muchas cosas naturales y hechas por el hombre en nuestras vidas. Es el Desorden Estadístico, la Energía, una medida de la Energía no disponible que existe en un Sistema Cerrado que también se suele considerar como una medida del Desorden del sistema. Es una propiedad del estado del Sistema y que varía directamente con cualquier cambio Reversible en el mismo. Es el grado de desorden e incertidumbre de cualquier sistema. Este es un ciclo natural de cualquier sistema con la intención de crecimiento continuo y de plenitud para todo el sistema. Cuando alguna parte del sistema no está completa, el sistema trabajará para que esa parte evolucione hacia la totalidad del mismo. Esta es la causa del desorden y la incertidumbre en el sistema. No se le trata injustamente ni se le castiga. Se le están dando todas las oportunidades para avanzar, ya que el sistema humano está creado para ello. Es un proceso natural de degradación de la materia y la Energía en el universo hasta un estado final de uniformidad inerte, un proceso de degradación o de agotamiento o una tendencia al desorden. Cuando la parte que no está alcanzando su Potencial se niega también a asumirlo, todo el sistema implosionará para volver a empezar por los aspectos que le faltan.

Todo sistema debe seguir creciendo. Incluso cuando se alcanza el éxito, el sistema ha cumplido su propósito y éste debe continuar, por lo que el crecimiento es inevitable. El crecimiento, por definición, es continuo.

Anomalías: Son acontecimientos, condiciones, procesos, que varían de la norma o del plan original o de la fase de formación de todas las cosas hechas por el hombre o la naturaleza. Estas anomalías son Energía no disponible, no calificada, y originada desde el Principio o Fase de Formación. Las anomalías son Información que va en contra de la norma. Las creencias del sistema son la forma en que aparecen estas anomalías. Son defectos que ya forman parte del sistema desde el principio y que impiden que el sistema crezca. El hombre es capaz de crecer continuamente y cuando se alcanza un estado de éxito, el hombre se basa en él y sigue creciendo.

Las Anomalías llegan para hacer que regresen las partes faltantes del Sistema Completo.

El nivel de gravedad de las Anomalías es indicativo del grado de desorden o incertidumbre del sistema desde el principio, que es capaz de cambiar de forma reversible. Por lo tanto, las Anomalías no vienen sin la posibilidad y el Potencial de cambio en el sistema completo.

El propósito o la intención de las propias anomalías es hacer que las partes que faltan en el sistema vuelvan a estar completas. Todo sistema que funciona es un sistema completo y debe cambiar y crecer para seguir siendo un sistema completo. Cuando aparecen las Anomalías, el crecimiento se consigue de nuevo integrando las diferencias y modificaciones en el patrón original o Fase de Formación.

La Totalidad es la intención del Principio; las Anomalías trabajan naturalmente para lograrla.

Principio de Totalidad: La Fuerza Unificadora que nos mantiene unidos, la unificación interna proviene del macrosistema para poder vivir y crecer. Lo que se resiste persiste. Esta fuerza promueve la Integración de todas las partes. La integración existe debido a la estructura y los procesos de los Sistemas Naturales que están unificados de manera que hacen que las partes trabajen juntas, en paralelo a través de las Leyes de Similitud y Correspondencia. Las integraciones de los conceptos, principios y modelos que trabajan juntos traen la totalidad. Los elementos se interrelacionan y son interdependientes sin desviarse o cambiar, como en el propósito de la acción, la fase de formación inicial.

La Unidad en la física consiste en los aspectos unificadores de los Sistemas Naturalmente Integrados, con una cualidad o estado de ser Múltiple. Estos sistemas pueden desviarse extremadamente entre sí y aún así tener unidad. Las Totalidades y sus Elementos te ayudan a identificar las fuerzas y habilidades que estás rechazando dependiendo de tu orden de activación y del sentido con sus programas y Funciones Holográficas Humanas y subconscientes.

La intención es la determinación del sistema a la Inercia del mismo, desde el Principio.

Concepto: Algo concebido en la mente, pensamientos y movimiento.

Principios: Ley fundamental, suposiciones, leyes o hechos de la naturaleza y que viven del funcionamiento y de un dispositivo artificial (axioma).

Cada aspecto individual de nuestro conjunto debe ser tratado por nosotros con respeto particular. Que se le permita ser lo que es y que nosotros lo aceptemos y trabajemos para ayudar a su crecimiento eligiendo nosotros mismos aprender de esta parte no entrenada de nosotros para que pueda crecer también. Cada Función, elemento, pregunta, abstracción o función de nuestro ser interior tiene un gran propósito dentro de nosotros. Cuando algunas partes de todo nuestro ser, comienzan a tener anomalías, aunque traigan desorden e incertidumbre, indican aún más Potencial de crecimiento. No haga que deje de ser uno mismo para ser parte del sistema; aprenda a agregarlo al sistema si es calificado como Similar. Aprenda a volver a su Multiplicando y a utilizarlo como la Función de anomalías desviadas y hágase cargo de sí mismo. Tome el propósito (Multiplicando) y multiplíquelo por el grado de anomalía desviada y cree 1 evento, condición y propósito más para la anomalía desviada en el propósito original del sistema.

Similitudes/Correspondencia: Añade la intención que la anomalía le muestra a todo el sistema. Ejemplo: La luz del aceite de su automóvil se enciende, añada aceite.

Desviación/Unidad: Multiplique el Propósito por el grado o cantidad estimada de la anomalía. Ejemplo: El motor de su auto se arruina, regrese al propósito original del auto y multiplique su valor por el nivel de anomalía y probablemente obtenga un auto más nuevo y mejor dependiendo del propósito del auto para usted.

Conceptos/Principios/Modelos: Interrelacionados/Interdependientes sin Desviaciones o cambio de Propósito o acción. El propósito de estas anomalías NO es para desanimar, deprimir o molestar, no son para que usted deje de hacer lo que su propósito podría ser. Si el propósito es el crecimiento continuo de todo su sistema. El propósito es ayudar a cada parte de su sistema a crecer conjuntamente para mantener su estado de plenitud.

Tarea para el capítulo 7

Enumere las anomalías en su vida y dedique tiempo a identificar sus propias fortalezas internas que estas anomalías pueden estar sacando de usted. Enumere también algunos de sus procesos y rasgos de identidad, carácter, emocionales y mentales, e identifique los que pueden ser superposiciones de sus padres, hermanos o de la sociedad. Escriba esto aquí:

Capítulo 8

ESTRUCTURA PARA EL CAMBIO

Tómese el tiempo para cambiar el Desorden Natural Continuo que solo ocurre al Futuro. Para cambiar por Naturaleza, hay que cambiar Función y Condición.

Para transformar, cambiar la Función. Se cambia la Función por:

1) Borrar: Hacer esto con Anomalías Similares
2) Insertar: Hacerlo con anomalías divergentes
3) Permutar: Hacer esto con todo el sistema para el cambio

Integrar (Unidad), el sentido del bien y del mal.

$E=mc^2$
E/ Energía; Diferencia de potencial = m/ Masa
c/ Velocidad de la luz
O (con una línea que lo atraviesa) / Energía gastada para responder, X/ Tiempos/ X=Posición

Einstein indica una forma de convertir la energía en masa mediante la velocidad de la luz. Para lidiar con las Anomalías Desviadas, usted tiene que hacer algunos cambios importantes a nivel consciente. Se debe elegir por uno mismo y por su Propósito. Haga 1 Evento para responder a la Anomalía Desviada, 1 Condición o estado de ser para que usted esté en para hacerlo, y 1 Proceso o manera de hacer esto y usted debe colocarlo

3 veces por lo menos, en su Propósito de Sistemas Enteros y repetir los 3 juntos, como uno, que muchas veces.

PROCESO DE TRANSFORMACIÓN CON LA TEORÍA DE LA TRANSFORMACIÓN HUMANA HOLOGRÁFICA

La curva en "S" y la visión del mundo de la época en que nos encontramos:

La Era de la Información   La Era del Conocimiento   La Era de la Sabiduría

Ver el Tiempo desde el pasado hasta el futuro. Ver a través del Tiempo ayuda a evaluar las consecuencias, las causas y los efectos. A través del Tiempo, las personas son individuos evaluativos. La gente atascada en el Tiempo, no puede salir del dolor, de los problemas, y estos individuos, atascados en el Tiempo, se meten en drogas o alcohol u otros comportamientos y pensamientos adictivos que se autolimitan al crecimiento y al cambio. Todo lo que se hace dentro de nuestro cuerpo es por un propósito positivo. Las enfermedades, el malestar, las emociones, el comportamiento y el pensamiento son todas las cosas que el control subconsciente es para un estado de Plenitud para el individuo.

Cambiar a un estado de Plenitud no impide que el individuo pueda experimentar o hacer algo negativo, sino que permite que el individuo elija hacer lo negativo o que elija no hacerlo. Para poder elegir no hacer nada, debe haber una cosa positiva para elegir hacer. La elección es el propósito final, no el control.

Cada sistema del cuerpo está destinado a ser un Sistema Abierto y parte del sistema completo (Totalidad), el cual es el sistema completo (Totalidad). Cuando todos los sistemas están abiertos y se corresponden entre sí, tenemos el sistema completo (Identidad). Cuando cualquier sistema está cerrado, en cualquier área, otro sistema del cuerpo se ve desplomado por el sistema cerrado. Este es el intento del sistema corporal de recuperar la

Totalidad. Cuando cae en picado en otro sistema, se pierde la Identidad. Nuestro enemigo interno es nuestro "yo", que nos hace caer en picada, para abrir nuestro sistema. Esto entonces se convierte en el proceso adicto; Sistema Cerrado, cuando se desploma. Se desploma al sistema corporal correspondiente, como se ilustra en el mapa del cuerpo. El Sistema Cerrado también puede ser identificado con la lingüística, por la(s) palabra(s) utilizada(s) para describir el problema que usted, u otro individuo tiene. La(s) palabra(s) correspondiente(s) a cualquiera de los sistemas sensoriales, sus procesos, modelos y funciones identificarán el sistema corporal cerrado.

Como este proceso se refiere a las órdenes de activación sensorial, hay un patrón específico por el que hay que pasar (los tres procesos o pasos). Todos los sistemas completos explicados en estas páginas.

Los tres primeros sentidos activados son los Pasos uno, dos y tres en el orden de pasos y activación. Los tres últimos pasos del proceso de cambio son la base del proceso del Sistema Abierto.

De hecho, el tercer sentido activado es donde el sistema se convierte en un sistema cerrado si no se impide que el tercer sentido activado continúe con el proceso correcto. El proceso del sentido tres tiene que detenerse o morir para que el cuarto sentido activado comience el nuevo proceso. El tercer sentido activado es el sentido "cruzado". Es el punto de bifurcación en el que el sistema nervioso central cruza de un lado del cuerpo al lado opuesto a través del orden de activación sensorial, de forma subconsciente. Se considera que este es el punto de cumplimiento del patrón para el éxito y el triunfo. Esta es la causa misma de que la mayoría de los Sistemas Cerrados no estén Abiertos al cambio natural en sí mismo y al crecimiento continuo que hemos sido creados para tener y ser.

Si el tercer sentido que se activa es el sentido del olfato, entonces las estrategias del individuo deben detenerse, literalmente, para que se active el siguiente sentido. Las estrategias son la función principal del sentido del olfato. Las estrategias son una adaptación o un complejo de adaptaciones (como el comportamiento, el metabolismo o la estructura) que sirven o parecen servir a una función importante para lograr el éxito evolutivo.

DESENFRENO

El desenfreno se refiere a las elecciones. La elección es un síndrome de salto cuántico. Estar dispuesto a dejar ir para ser uno con sí mismo y con Dios y avanzar hacia las metas, nutrir a uno mismo cuando los demás no están dispuestos a elegir ir contigo, ellos eligen quedarse.

Mente, Cuerpo y Emociones (Espíritu) tiene dos saltos cuánticos cada uno. Lo correcto y lo incorrecto - Mente - Sonido y Vista

Dios y el Ser - Cuerpo - Tacto y Energía Vida y Muerte - Emociones - Gusto y Olor

La elección de los tres primeros implica la elección de los tres últimos saltos. La resistencia se produce cuando el Quantum asociado cambia (resto del conjunto) y no es puenteable. Cuando todos los estados cuánticos se vuelven puenteables, los saltos cuánticos se disuelven y se produce la Conciencia de la Unidad. El séptimo sentido: El Ser y el Tiempo.

Los saltos cuánticos también se aplican entre la tercera y la cuarta activación sensorial, ya que se activan los detalles de las formas de tratar las anomalías que aparecen en el tercer sentido, para poder continuar con el proceso de cambio transformativo. El proceso de cambio transformativo evita que los sentidos se cierren y hace que la identidad siga creciendo y progresando con éxito.

Conozca a su yo, entonces
Sane a su yo y luego
Sane a los demás

CAMBIO TRANSFORMADOR:

1) CONOCERSE A SI MISMO
2) SANEARSE A SI MISMO
3) CONOZCA Y SANE A LOS DEMÁS

Este proceso debe ocurrir antes de que podamos realmente conocer a otros para luego sanarlos. Como dijo Jesús, primero debemos sacar la paja de nuestro propio ojo antes de poder sacarla del ojo de otro.

Una persona no es un adicto, ni un alcohólico. Se necesitó un grupo para llegar a este punto y se necesita un grupo para sacarnos y mantenernos fuera.

Este grupo o equipo es la familia. La familia es la forma en que fuimos creados. Ya sea casado o soltero, se necesitó un hombre y una mujer para concebir un hijo, y a esto es a lo que llamamos familia. La educación es importante para los niños y los adultos. El diccionario define educar como sacar. La familia debería sacar aspectos de cada individuo. Cualidades, habilidades, talentos; la familia debe tener un sentido de lo común entre los miembros y en el entorno familiar. El modelo familiar de unidad y seguridad en su entorno es el mismo modelo que los individuos utilizarán en la sociedad. Una vez que los individuos conocen sus talentos y habilidades, aprenden a armonizarlos en el entorno familiar para tener una sensación de equilibrio.

El entorno incluye la respuesta y la reacción del cuerpo a los diferentes pensamientos, sentimientos y comportamientos. Esta respuesta del entorno es un reflejo del medio externo en el que el individuo ha sido entrenado para responder.

El subconsciente codifica las cosas según el lugar donde las pensamos. Esto se aplica al mapa corporal y a otros puntos de activación de recuerdos, programas, procesos y modelos.

Los niños reflejarán o copiarán a sus padres, a otros hermanos, a la familia, a la comunidad, etc. las áreas que los padres niegan. Estas negaciones pueden ser sobre la necesidad suprimida, la necesidad negada, las necesidades rechazadas, los talentos, los impulsos, y más. Las Escrituras dicen que "los pecados de los padres están en la cabeza de los hijos por 4 generaciones".

Debemos cambiar nosotros mismos antes de poder ayudar a otro a cambiar. Para cambiar uno mismo, primero hay que conocerse a sí mismo. Aunque usted piense que se conoce a sí mismo, si tiene problemas personales que no puede superar, si tiene metas personales por las que se esfuerza y que no puede alcanzar, entonces no se conoce realmente. Creo que el Señor no nos da problemas que no podamos superar. Creo que si tenemos una meta por la que nos esforzamos, siempre tenemos los medios, las capacidades y los caminos, para alcanzar esa meta.

Una excelente manera de conocerse verdaderamente a sí mismo es conocer su interior, su subconsciente. Si solo se conoce a si mismo conscientemente, y aun así no puede superar o alcanzar lo que su consciente conoce, conozca su yo subconsciente y entonces podrá superar mejor sus problemas conscientemente. Usted puede alcanzar sus objetivos conscientemente. El consciente puede superar al subconsciente. Primero el consciente debe conocer los programas del subconsciente que están funcionando.

Todos tenemos META PROGRAMAS o PARADIGMAS en nuestro subconsciente. Programas que dirigen nuestro cuerpo, nuestro cerebro, nuestras emociones, nuestros procesos, nuestras funciones, todo ello crea automáticamente nuestras respuestas conscientes.

Estos Paradigmas o Meta Programas han sido creados en el curso de nuestra vida individual, basados en muchos aspectos de nuestra experiencia de vida como individuos. Estos Paradigmas han sido identificados y comprendidos durante muchos años. La información sobre estos Paradigmas se ha utilizado principalmente para ayudar a las empresas a ser capaces de hacer su propio dinero. Estos Paradigmas han sido enseñados y utilizados por la autoridad para manipular a la gente a creer lo que las autoridades quieren que la gente crea. Esta información ha sido utilizada durante años para crear seminarios de motivación para la gente, libros, marketing, y más.

La información sobre estos Paradigmas, junto con otra información sobre las formas en que funciona nuestro ser interior, son literalmente formas de conocernos de verdad a nosotros mismos, Nuestro Ser Interior. Y cuando nos conocemos a nosotros mismos, podemos entonces elegir cambiar aspectos propios.

Los seres humanos son seres increíbles y complicados. Cada individuo es creado como un Ser Completo, con muchos aspectos diferentes. Desde que se tiene registro de la historia, la gente ha estudiado al Ser Completo en todos sus diferentes aspectos. A medida que pasa el tiempo, se descubre más y más sobre los aspectos de nuestro Ser. A lo largo del tiempo se van descubriendo nuevos aspectos a medida que otros seres humanos buscan diferentes aspectos del Ser Humano.

Estos son algunos de los aspectos de nuestro Ser Interior que se conocen hoy en día, muchos de estos aspectos se conocen desde hace bastante tiempo, y quizás nuevos aspectos serán descubiertos por otros Seres Humanos a medida que pase el tiempo.

Subjetividad: El efecto del observador sobre lo observado:

Las peligrosas consecuencias de vivir nuestra vida cuando nuestro interior es un misterio para nosotros.

Tarea para el capítulo 8

Haga una lista de todas las fortalezas potenciales que está descubriendo en su interior y una lista comparativa de las emociones mentales o los procesamientos físicos y el sentido del que provienen. Combine estas listas y continúe revisando sus otras actividades para obtener cualquier otra guía de los programas de su ser interior.

CAPÍTULO 9

CAMBIO DE NIVEL DE IDENTIDAD

La plenitud: La Fuerza Unificadora que nos mantiene juntos, la unificación interior proviene del macrosistema que nos permite vivir y crecer. Lo que se resiste persiste. Esta fuerza promueve la Integración de todas las partes.

Integridad: La condición de estar entero o completo. Integrar es el proceso de hacer la totalidad. La integración existe porque la estructura y los procesos de los sistemas naturales están unificados de forma que hacen que las partes trabajen juntas en paralelo basándose en la similitud y la correspondencia: El yo natural.

Teoría de la Transformación Humana, la forma en que desarrollamos modelos, paradigmas y visiones del mundo:

Sistemas de aprendizaje holográfico Sistema de salud holográfico

Integraciones, conceptos, principios y modelos trabajan juntos.

Hechos:

1) El ser humano es natural
2) Los humanos son sistemas
3) El sistema humano está compuesto por partes o elementos.

Sistema: Entidad o agregación de elementos o partes que forman un conjunto o totalidad completa.

Los 3 elementos del ser humano: 1) Mente, 2) Emociones, 3) Cuerpo Ley o principio universal, similitud y correspondencia

Correspondencia: La naturaleza que tiene partes o procesos en cualquier nivel, de la misma forma o figura resuena como uno.

Principio de Correspondencia: Las partes similares cambian juntas. Ejemplo: 2 electrones, cuando 1 cambió su espín, el otro también cambió.

Sistemas Humanos 3 Funciones Básicas:

1) Base de la identidad o la personalidad
2) Funciones de comunicación y procesamiento de la información
3) Creación

Elemento de cada sistema del Ser Natural: La mente, las emociones y el cuerpo.

Funciones de cada Elemento del Ser Natural: Identidad, Comunicación, Creación.

Funciones abstractas de nivel superior: Pensamiento para cada uno de los sentidos.

Unidad: Aspectos unificadores de los Sistemas Naturalmente Integrados. La Totalidad de partes relacionadas que es un todo complejo.

Principio de unidad: Cualidad o estado de ser hecho Uno, continuidad sin desviación o cambio como en el Propósito de las acciones.

Sistemas integrados: Los elementos están interrelacionados y son interdependientes. El cambio de 1 elemento de un sistema integrador afecta al resto del sistema. Cambiar 1 parte de un sistema cambia todas las demás. El sistema humano es un sistema integral, por lo que puede unificar partes que son muy diferentes.

Correspondencia: Unión de partes similares.

Unidad: Unión de partes que son disímiles.

Conciencia/Campo de la Personalidad: La suma total de todos los movimientos que representan nuestros procesamientos internos.

Campo: Un reino de actividad, región del espacio caracterizada por una propiedad física (Como, la fuerza gravitacional, donde cada punto de la región tiene un efecto o valor determinable).

La conciencia humana es un campo.

Campo Mental; piensa, razona, reflexiona, lógico, objetivo, forma jerarquías, centro consciente de Identidad/Personalidad.

Los sistemas vivos son sistemas abiertos. Los sistemas abiertos reciben información, datos y energía del entorno.

Modalidades: Canales para recibir la entrada del entorno. 7 Sentidos: Modalidades de recepción y procesamiento; Sonido, Vista,

Tacto, Energía, Gusto, Olfato y Tiempo propio. Recibe datos, procesamiento interno Funciones de intercambio y procesamiento de información.

Integración: Hacer un todo, esto funciona debido a los Principios de Unidad y Correspondencia y al Principio de Realidad y al Principio de Totalidad.

Principio de Realidad: No sabemos la diferencia entre lo real y lo imaginario.

Principio de Totalidad: La fuerza unificadora que nos mantiene unidos, la unificación interna proviene del macrosistema para vivir y crecer. "Lo que resistimos persiste". Esta fuerza promueve la Integración de todas nuestras partes, por lo que "Lo que resistimos persiste".

Secuencia de Procesamiento de Datos:

1) Recepción

2) Procesamiento (interno)
3) Almacenamiento (como Modelos y Memorias)
4) Transmisión (modelos y recuerdos transmitidos a través del lenguaje, los comportamientos, las enfermedades)

Sistema energético: Las corrientes de energía invisible fluyen por el cuerpo para revitalizar y regenerar las células y los sistemas corporales. Estas pueden ser bloqueadas por cosas como la ansiedad, la depresión, la ira, los miedos y los antojos.

Personalidad: Un patrón de comportamientos de carácter colectivo, rasgos temporales, emocionales y mentales.

Modalidad de referencia: Orden de activación de la personalidad

Secuencias universales de orden de activación desde el primer sentido activado hay un patrón específico en el de sentido activación.

Sentidos de referencia: 1º y 4º Sentidos de decisión: 2º y 5º Sentidos Motivadores: 3º y 6º

Ciclos de procesamiento: Patrones de activación globales.

Los 3 primeros sentidos activados son la referencia externa y el procesamiento. También es la forma en que procesamos el Medio Ambiente (externo). Esta es nuestra visión del mundo.

Los últimos 3 sentidos activados son referencias internas. Son los sentidos con los que procesamos el yo (interno). Esta es nuestra Visión del Yo.

La superposición de la personalidad: Huellas de los padres y de la sociedad.

5 Niveles jerárquicos de los sistemas organizativos que desarrolla el hombre:

1) Individual
2) Familia
3) Organización

4) Sociedad/Cultura/Naturaleza
5) Global

Si el individuo no se satisface a sí mismo, la familia reflejará las necesidades del individuo. Esta jerarquía de niveles de los Sistemas Organizativos comienza en el nivel 1 y va subiendo por los niveles hasta el número 5. Se necesitan individuos enteros para construir una familia, familias enteras para construir organizaciones enteras, organizaciones enteras para construir sociedades enteras, culturas, naturalezas y organizaciones enteras para construir un planeta entero. De nuevo, usted ya lo sabía bien.

El grado de intensidad de las Anomalías es indicativo del grado de desorden o incertidumbre del sistema desde el principio que es capaz de cambiar de forma reversible. Por lo tanto, las Anomalías no vienen sin la posibilidad y el potencial de cambio en el sistema.

El propósito o la intención de las Anomalías en sí mismas es hacer que las partes que faltan en el sistema vuelvan a estar completas. Todo sistema que funciona es un sistema completo y debe cambiar y crecer para seguir siendo un sistema completo. Cuando aparecen las Anomalías, el crecimiento se consigue de nuevo integrando las diferencias y modificaciones en el patrón original o Fase de Formación.

La Totalidad es el Principio por el que las Anomalías trabajan naturalmente.

Principio de Totalidad: La Fuerza Unificadora que nos mantiene unidos, la unificación interna proviene del macrosistema con el fin de vivir y crecer. Lo que se resiste persiste. Esta fuerza promueve la Integración de todas las partes.

La integración existe gracias a la estructura y los procesos. Los Sistemas Naturales están unificados de manera que hacen que las partes trabajen juntas, en paralelo a través de las Leyes de Similitudes y Correspondencia; Integraciones de Conceptos, Principios y Modelos trabajando juntos. Los elementos se interrelacionan y son interdependientes sin desviación ni cambio, como en el propósito de la acción en la fase de inicio y formación.

La Unidad en la física son los aspectos unificadores de los Sistemas Naturalmente Integrados, con una cualidad o estado de ser Múltiple. La intención es la determinación del sistema, la Inercia del Sistema, desde el Principio.

Concepto: Algo concebido en la mente, pensamientos, movimiento.

Principios: Ley fundamental, supuestos, leyes o hechos de la naturaleza. La vida y el funcionamiento de un dispositivo artificial (axioma).

Similitudes/Correspondencia - Conceptos/Principios/Modelos: Interrelacionados/ Interdependientes sin Desviaciones o cambio de Propósito de acción.

Tomar Tiempo para cambiar el Desorden Natural Continuo que solo ocurre al Futuro. Para cambiar por Naturaleza, hay que cambiar Función y Condición.

Para Transformar, cambiar la Función. La Función es cambiada por:

1) Eliminación
2) Inserción
3) Permutación

Integrar (Unidad), el sentido del bien y del mal. $E=mc^2$
E/ Energía; Diferencia de potencial m/ Masa
c/ Velocidad de la luz
O (con una línea que lo atraviesa) / Energía gastada para responder X/ Tiempos/ X=Posición
La Curva "S" y la visión del mundo de la era en la que estamos.

La Era de la Información La Era del Conocimiento La Era de la Sabiduría

El tiempo mismo está diseñado naturalmente para que las acciones, los procesos o las condiciones del Futuro pasen naturalmente a un estado de Desorden. Esto es una parte muy natural del tiempo ya que las acciones, procesos o condiciones deben cambiar constantemente para que el

Futuro se mueva. Hay muchos aspectos que muestran la forma en que la Tierra, la Humanidad, los negocios y la vida misma están cambiando constantemente.

El tiempo puede ser utilizado en sí mismo, para ser una parte capaz de cambiar los continuos del Desorden Natural de los Movimientos Futuros (Tiempo) y las mediciones entre las acciones, procesos, o condiciones.

Este Desorden Natural se debe en parte a la Energía no disponible en cualquier Sistema Cerrado y cualquier Sistema se convierte en un Sistema Cerrado cuando no está cambiando constantemente entre las mediciones pasadas, presentes y futuras. Lo cual es el significado y la Función del Tiempo.

La Energía No Disponible en un Sistema Cerrado variará directamente con cualquier cambio reversible dependiendo del grado de desorden requerido por el grado de cambio para las acciones, procesos o condiciones Futuras, dentro de cualquier sistema dado.

Tarea para el capítulo 9
Escriba en su diario, con sus propias palabras, su tesis o trabajo sobre lo que ha aprendido de sí mismo y de los altibajos de la vida. Continúe haciendo y añadiendo todas las tareas a su diario semanalmente, ya que esta información de Desorden e Incertidumbre continúa a lo largo de toda la vida. Compáralos con tus Niveles Jerárquicos.

Capítulo 10

TEORÍA Y FÍSICA DE LA TRANSFORMACIÓN HUMANA HOLOGRÁFICA

LEYES FÍSICAS Y TEORÍA HUMANA HOLOGRÁFICA

Similitud: Ampliar

Unidad: Tiempos con el Multiplicando (propósito original).

Correspondencia: Rige la Función (propósito). La naturaleza que tiene partes o procesos en cualquier nivel, de la misma forma o figura que resuenan como uno. Las partes similares cambian juntas. Ejemplo: 2 electrones, cuando uno cambia su rotación, el otro también cambia su rotación. La totalidad de las partes relacionadas que están en un todo complejo, naturalmente se corresponden y se afectan mutuamente, dejando el Multiplicador sin cambios. La correspondencia es la concordancia de las cosas entre sí de una similitud particular de su relación entre ellas. La Comunicación y la Información deben corresponder en su Función para que una o ambas cumplan su propósito o Función individual.

¡El Sistema Humano, ES UN SISTEMA COMPLETO por lo que puede unificar partes que son muy diferentes!

Integración/Sistemas integrados: Los elementos y la función están interrelacionados y son interdependientes de otros elementos y funciones. La modificación de un elemento de un sistema integrado afecta al resto del sistema en su totalidad. La integración es el proceso de hacer el Todo y esto funciona debido a los Principios de Correspondencia, Unidad, Realidad y Totalidad.

Hay 4 tipos de sistemas o modelos de integración:

1) Simbólico
2) Energético
3) Corporal
4) Lingüístico

La integridad es la condición de estar entero o completo, integrar es el proceso de hacer un todo. La integridad existe porque la estructura y los procesos de los Sistemas Naturales están unificados de manera que las partes trabajan juntas en Paralelo, Similitud y Correspondencia.

Ciclos de Entropía: Un desorden estadístico de la Energía. El ciclo de Entropía es una medida de la Energía no disponible en un Sistema Cerrado que también suele considerarse como una medida del Desorden de los Sistemas. Es una propiedad del estado de los Sistemas y variará en relación directa con cualquier cambio Reversible en éste y en relación con los factores de Tiempo del Desorden de la Energía de los Sistemas, que es Indisponible y causa del Desorden. Esta es la degradación de la materia y la Energía en el universo hasta el estado final de Uniformidad inerte. El proceso de degradación o de agotamiento o la tendencia natural al Desorden.

Anomalías: Información que va en contra de las creencias normales del Sistema. Son los defectos que ya forman parte del Sistema desde el principio y que impiden que éste crezca sólo en base al Orden Natural del Tiempo y el Futuro y el Desorden.

Entropía - Espacio - Tiempo - Materia - Desorden natural - Negentropía - Desorden discontinuo - Identidad imprevisible

LOS HUMANOS SON SISTEMAS COMPLETOS, LOS HUMANOS SON HOLOGRAMAS.

S es el símbolo de la física que representa la Entropía.

La entropía puede describirse y aplicarse de numerosas maneras a muchas cosas naturales y artificiales de nuestra vida. Es el Desorden Estadístico, la Energía, una medida de la Energía no disponible que existe en un Sistema Cerrado que también se suele considerar como una medida del Desorden del sistema. Es una propiedad del estado del Sistema y que varía directamente con cualquier cambio Reversible en el Sistema. Es el grado de desorden o incertidumbre de un sistema. Este es un ciclo natural de cualquier sistema con la intención de un crecimiento continuo y la Totalidad para todo el sistema.

Un proceso natural de degradación de la materia y la Energía en el universo hasta un estado final de Uniformidad Inerte. La Uniformidad Inerte es un proceso de degradación, o de agotamiento, o una tendencia al desorden.

Si su sistema nunca experimenta ningún desorden o incertidumbre, su sistema es un sistema abierto. Un Sistema Abierto reconoce todo su "Potencial" de diferencia, cambio, crecimiento y progresión a través de todas y cada una de las fases de su propia realización. Un Sistema Abierto experimenta un cambio, crecimiento y progresión constantes a lo largo de todos sus procesos. Un Sistema Abierto crece y continúa indefinidamente aprendiendo, ganando conocimiento y realizando un mayor propósito a lo largo de su Ciclo.

El desorden pertenece específicamente a la Función del Sistema como un Todo. Y así, la Energía no disponible es una Función natural y normal del Sistema original y dentro de él, aunque nunca ha sido reconocida en el Sistema como un Todo y capacitada para la Función del Sistema y el papel que puede desempeñar dentro de la Función del Sistema. Esto está directamente relacionado con las cosas dentro del Sistema que están mezcladas y desordenadas desde el comienzo del mismo, dentro de los involucrados en su comienzo.

La incertidumbre dentro del Sistema se refiere específicamente a las áreas propias del Sistema de la Duda, el escepticismo, la sospecha, la desconfianza y la falta de certeza del Sistema sobre alguien o algo. La incertidumbre puede abarcar desde la falta de certeza hasta la falta casi total de convicción o conocimiento sobre un resultado. La duda se refiere tanto a las áreas de incertidumbre como a la incapacidad de tomar una decisión. El escepticismo implica la falta de voluntad para creer sin pruebas concluyentes, y la sospecha destaca la falta de fe en la verdad, la realidad, la equidad o la fiabilidad de algo o alguien. La desconfianza implica una auténtica duda basada en la sospecha. La duda, por tanto, vuelve a ser una falta de confianza y de seguridad y que alberga sospechas.

Todo se relaciona con el propio sistema, con nuestra propia falta de convicción o conocimiento respecto al resultado. Nuestra fe, Cristo dijo a Juan en el agua cuando cayó, "Oh, vosotros de poca fe". Es nuestra propia incapacidad e incertidumbre para tomar decisiones y nuestra falta de voluntad para creer. No es ni ha sido nunca culpa de los demás lo que pensamos, ni lo que sentimos. Todo lo que ha sucedido, y sucederá siempre, es para nuestro crecimiento personal, porque es el momento de que esas fortalezas dentro de nosotros emerjan para el beneficio de todo nuestro ser. El desorden dentro de un sistema puede ser más difícil de negar, rechazar o reprimir, mientras que las dudas, el escepticismo o la desconfianza son fáciles de negar y cerrar.

La causalidad es la relación entre una causa y su efecto, o entre eventos o fenómenos regularmente correlacionados.

UNIFORMIDAD INERTE

Inerte se refiere a la falta de capacidad de movimiento. Deficiente en propiedades activas, carente de la acción habitual o prevista (naturalmente ya forma parte de la capacidad creada por el sistema).

Inerte: Lo contrario de inerte es vigoroso.

Uniformidad: Cualidad o estado de ser uniforme, ser de la misma forma con el resto del Sistema. La uniformidad es consistente en la conducta o acción con la interpretación de las leyes de la misma forma dentro del Sistema, ajustándose a la regla y modo del Sistema. Uniformidad es relacionarse o ser convergente de una serie cuyos términos son Funciones, de tal manera que el valor absoluto de la diferencia entre la suma de los primeros (n) términos de la serie, y la suma de todos los términos puede hacerse arbitrariamente pequeño, para todos los valores del dominio de las Funciones eligiendo (el n-ésimo) suficientemente lejos en la serie. Este proceso lleva las Anomalías a la Uniformidad.

El desorden, que está directamente relacionado con, o basado en, los principios relacionados con la capacidad natural del sistema para crecer y cambiar. Todo sistema debe seguir creciendo. Incluso cuando se alcanza el éxito, el sistema ha cumplido su propósito y éste debe continuar, por lo que el crecimiento es inevitable. El crecimiento, por definición, es continuo.

Anomalías: Son acontecimientos, condiciones y procesos que varían con respecto a la norma, al plan original o a la fase de formación de todas las cosas hechas por el hombre o la naturaleza. Estas anomalías son Energía no disponible, no calificada, y originada desde el Principio o Fase de Formación.

Las anomalías son informaciones que van en contra de la norma y de las creencias del sistema. Son defectos que ya forman parte del sistema desde el principio y que impiden que el sistema crezca.

Las Anomalías vienen a hacer que vuelvan las partes que faltan en el Sistema Completo.

El nivel de gravedad de la Anomalía es indicativo del grado de desorden o incertidumbre del sistema desde el principio, que es capaz de cambiar de forma reversible. Por lo tanto, las Anomalías no se producen sin la posibilidad y el potencial de cambio en el sistema.

El propósito o la intención de las Anomalías en sí mismas es hacer que las partes que faltan en el sistema vuelvan a estar completas. Todo sistema que funciona es un sistema completo y debe cambiar y crecer para seguir siendo un sistema completo. Cuando aparecen las Anomalías, el crecimiento se consigue de nuevo integrando las diferencias y las Modificaciones en el patrón original o Fase de Formación.

La Curva "S" y la visión del mundo de la era en la que nos encontramos:

La Era de la Información La Era del Conocimiento La Era de la Sabiduría
Punto de Cruce   Punto de Cruce

Punto de bifurcación Punto de bifurcación
Punto de éxito Punto de éxito

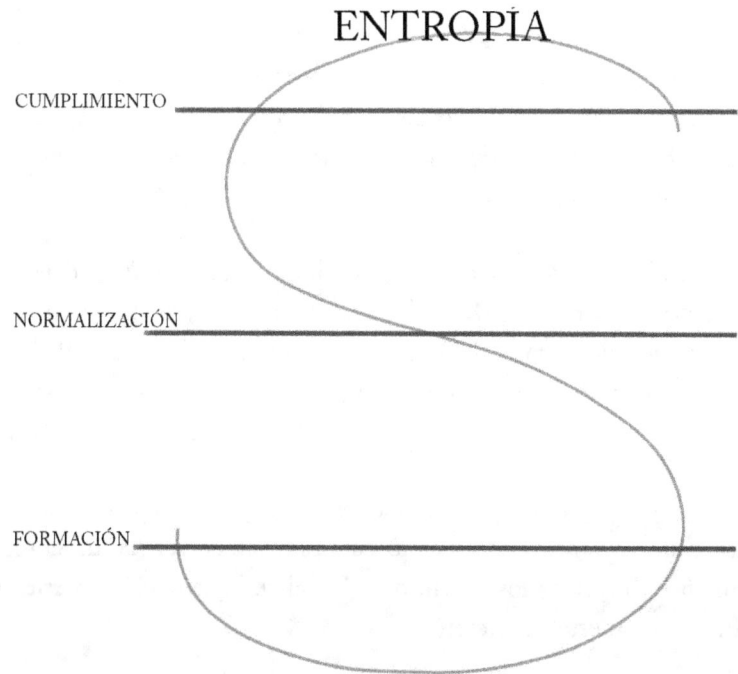

CURVA "S":

1ª Formación: Explorar posibilidades hasta descubrir o inventar patrones de éxito.

2ª Normalización: Los patrones de éxito se repiten una y otra vez.

3º Cumplimiento: La Curva "S" comienza a aplanarse un poco aún en ascenso, el crecimiento se logra ahora integrando diferencias y modificaciones al patrón original. En este punto el sistema alcanza su punto máximo, y luego comienza a declinar, habiendo alcanzado su máxima expresión posible.

Fase 1- Formación	Fase 2- Normalización	Fase 3- Cumplimiento
Crecimiento	Anomalías	Tiempo

Tarea para el capítulo 10
TÉCNICA DE LA CURVA "S": ANOMALÍAS; CRECIMIENTO Y TIEMPO

Elija 1 plan, aspectos de su vida con respecto a las Anomalías que parecen interferir con el plan, un aspecto de lo específico. Coloque el diagrama de la Curva en "S" en el suelo de acuerdo con las Fases de "Formación", "Normalización" y "Cumplimiento" para el plan específico sobre el que va a realizar esta Técnica.

Comenzando a lo largo de la Curva "S", donde imagina que podría estar el lugar donde notó o comenzó a observar la 1ª, 2ª, 3ª, 4ª o más Anomalías que aparecen. Identifique el "Tiempo", en cuanto a "Pasado", "Presente" y "Futuro", a lo largo de la Fase de "Formación" del plan y colóquelo también en la Curva en "S".

Cuando haya hecho esto, sitúese en el primer lugar de su primera anomalía identificada. Cuando haya hecho esto, simbolice sensorialmente la 1ª Anomalía a través de los 7 sentidos. Localice la sensación interior y los sentimientos en esta ubicación.

Ahora, mirando la Línea del Tiempo, colocada también sobre el suelo, imagine o trate de imaginar que identifica la ubicación en la Línea del Tiempo de la Fase de "Formación", la ubicación específica de la "Energía" no disponible, no identificada, y todas sus "Diferencias Potenciales" de las que podrían provenir las Anomalías. Cuando lo haya hecho, o incluso haya imaginado o fingido haber hecho esto e identificado la ubicación de la misma, señálela e imagine que está en el lugar que señala también en el suelo en su ubicación en la Línea de Tiempo de la Fase de "Formación".

Cuando haya hecho esto, simbolice sensorialmente esto en su ubicación. Simbolice los 7 sentidos y la sensación dentro de usted de esta Energía No Disponible, No Calificada, No Identificada, de la Fase de "Formación".

Una vez hecho esto, pase por esta ubicación, dejando la ubicación con la que ha comenzado hasta la ubicación que ha identificado y simbolizado sensorialmente, mientras enfoca su mente consciente en los símbolos sensoriales de la Fase de "Formación", con la ubicación de la Línea de Tiempo donde está la Energía.

Continúe caminando mientras se concentra en estos Símbolos Sensoriales hacia la ubicación hasta que llegue allí. Cuando llegue a esta ubicación, haga una pausa, y simplemente note o imagine notar los pensamientos y sentimientos que podría tener o estar experimentando en esta ubicación.

Luego, dé un paso hacia el "pasado" de este lugar y haga una pausa, y de nuevo, note, o imagine, o pretenda imaginar, que nota cualquier pensamiento o sentimiento que pueda tener o experimentar en este lugar.

Después de hacer esto, con su mente consciente todavía enfocada en los Símbolos Sensoriales de esto, dé un paso atrás a la ubicación aquí, haga una pausa, y luego dé un paso hacia la Línea de Tiempo "Futuro" en la Fase de "Formación". Cuando esté en el paso 1 hacia el "Futuro" de este lugar, haga una pausa, y mientras sigue enfocándose en los Símbolos Sensoriales, note también todos y cada uno de los pensamientos, y sentimientos que pueda estar teniendo o experimentando aquí.

Cuando lo haya hecho, dese la vuelta y dé un paso hacia atrás, hacia la ubicación original de esta "Energía no disponible", "no calificada", "no identificada", y haga una pausa de nuevo.

Cuando haya hecho esto, todavía concentrándose en estos Símbolos Sensoriales, comience a caminar lentamente de regreso a la ubicación original a lo largo de la Curva "S" donde notó o comenzó a notar las primeras anomalías. Caminando de vuelta a esta ubicación, con todos estos Datos, Información y Conocimiento que usted ha adquirido de esto.

Cuando llega a la ubicación en la que comenzó, gire y mire la ubicación en la Fase de "Formación" a la que caminó y observe si parece estar todavía allí, o si ha regresado con usted. Si parece que todavía está allí, sigue caminando hacia ella hasta que vuelva con usted.

Cuando haya regresado contigo, nota el sentimiento dentro de ti ahora, y dónde está el sentimiento.

Esta Técnica de la Curva en "S", "Anomalía", está diseñada para ser hecha repetidamente, por Anomalía, hasta que se sienta como si las Anomalías estuvieran siendo manejadas mejor por usted mismo con respecto a su "Plan" original, Aspecto". Las Anomalías son para Crecer y el Crecimiento es constante.

Escriba en su diario lo que ha aprendido y escriba esta próxima semana sobre cualquier cosa diferente que note.

Capítulo 11

TIEMPO Y HOLOGRAMAS

Los hologramas son sistemas completos. Los seres humanos son hologramas. La conciencia humana es un procesamiento interno holográfico y es el resultado de estos modelos:

Naturaleza: Estructura, Patrones, Procesos.

El Mundo está compuesto por 2 sistemas diferentes. Estos son los Sistemas Naturales y los Sistemas Creados por el Hombre. El Modelo de Totalidad está hecho de 3 sistemas separados, 1 nivel de Totalidad, y tiene esta información Humana Holográfica.

Los humanos son Sistemas/Sistemas de Integración. Hay 4 tipos: Simbólicos, Energéticos, de Cuerpo Entero y Lingüísticos.

Los humanos son sistemas abiertos: Los sistemas abiertos están abiertos a la información y tienen límites permeables y flexibles. Los Sistemas Cerrados no están abiertos a nueva información, datos o retroalimentación. Los sistemas cerrados son sistemas adictivos. En la Naturaleza, el éxito se consigue a través de la Autoorganización. Cuando un Sistema Cerrado está en declive, las fuerzas naturales entran en juego y su único objetivo es eliminar o levantar las restricciones que mantienen el sistema cerrado. La estabilidad se vuelve disfuncional. Un Sistema Cerrado sólo puede duplicarse a sí mismo. Si tiene alguna adicción, se ha criado en un Sistema Cerrado. Aun así, usted puede convertirse en un Sistema Abierto.

El caos es discontinuo y no lineal. El Caos, el Desorden y la Incertidumbre no tienen la intención de continuar constantemente. Pueden ser discontinuos.

Las anomalías son informaciones que van en contra de la norma/creencia del sistema. Son defectos que ya forman parte del sistema desde el principio y que impiden que éste crezca.

Símbolos, representaciones de las formas de expresión: El lenguaje hablado, escrito, las matemáticas, la música, la fotografía son algunos ejemplos de Símbolos.

TIEMPO: El tiempo, en sí mismo, es la medición del período cuantificable durante el cual existe o continúa una acción, proceso o condición. El tiempo no es espacial y su continuidad se mide en términos de los acontecimientos que se suceden desde el pasado, a través del presente y hacia el futuro. Una de las series de instancias recurrentes o acciones repetidas cantidades o instancias sumadas o acumuladas (Duración finita a infinita). Se hace referencia al tiempo con varios usos de palabras como:

Sin embargo, Todavía (Es el mismo tiempo) A veces (A intervalos)

Por el momento (por el presente) De vez en cuando (Ocasionalmente) En poco tiempo (Muy rápido o pronto) A tiempo (Suficientemente pronto)

Una y otra vez (Frecuentemente, repetidamente)

Todo esto se refiere a acciones, procesos o condiciones.

El tiempo en sí mismo está diseñado naturalmente para hacer que las acciones, procesos o condiciones del Futuro se conviertan naturalmente en un estado de Desorden.

Esto es una parte muy natural del tiempo ya que las acciones, procesos o condiciones deben cambiar constantemente para el movimiento en el Futuro. Hay muchos aspectos que muestran la forma en que la Tierra, la Humanidad, los negocios y la vida misma están cambiando constantemente.

El tiempo puede ser utilizado en sí mismo para poder cambiar el continuo desorden natural de los movimientos del futuro.

Tiempo: Medidas entre acciones, procesos o condiciones.

Este Desorden Natural se debe en parte a la Energía no disponible en cualquier Sistema Cerrado. Cualquier Sistema se convierte en un Sistema Cerrado cuando no está cambiando constantemente entre las mediciones del pasado, el presente y el futuro, que es el significado y la Función del Tiempo.

La Energía No Disponible en un Sistema Cerrado variará directamente con cualquier cambio reversible dependiendo del grado de desorden requerido para el grado de cambio, para las acciones, procesos o condiciones Futuras dentro de cualquier sistema dado.

Tiempo: una medida de eventos, acciones, condiciones o procesos que existen o continúan. Tómese el Tiempo para cambiar el desorden natural continuo del Futuro.

Desorden: Energía no disponible en un sistema cerrado que varía directamente con cualquier cambio reversible. Indica el grado de desorden e incertidumbre del sistema.

El intercambio de energía es discontinuo. El desorden es el proceso Natural, que implica el Ciclo de Entropía de la Energía no disponible debido a que su existencia es negada, rechazada y reprimida en el Sistema Cerrado desde el principio. Esta Energía que existe en el Sistema no está capacitada (debido a que ha sido negada, rechazada y reprimida) y ha sido indisponible por las mismas razones. Esta Entropía se convierte en anomalías para el Sistema Cerrado, la Única Función de esta Energía es eliminar o levantar las restricciones que mantienen el Sistema Cerrado. Siendo la Energía de las Anomalías un intercambio de Energía y por lo tanto es Energía Discontinua. Este Desorden es un Desorden Reversible cuando el Sistema está Abierto al Cambio.

Espacio - Tiempo - Materia - Desorden natural - Desorden discontinuo - Identidad imprevisible

Totalidad: La Fuerza Unificadora que nos mantiene unidos. La Unificación Interior proviene del Macro-Sistema que nos permite vivir y crecer, este es el trasfondo del dicho: "Lo que resiste, persiste". Esta fuerza natural para la Totalidad promueve la Integración de Todas nuestras partes, y de todos los Sistemas Integrales. El Modelo de Totalidad se compone de 3 sistemas separados y 1 Nivel de Totalidad.

Totalidad: El estado de ser completo, la totalidad, la Plenitud.

Matriz: 1) Suma, 2) Desviaciones con respecto al Tiempo, 3) Multiplicación con un Multiplicando. Haga esto de izquierda a derecha. Encuentre el denominador común en lo que respecta a la acción, la Función y los Procesos. Elemento; función.

El Cambio Incremental se refiere a pequeños cambios en los Programas, Modelos o Creencias. El cambio incremental es un cambio interminable y pasa constantemente por el proceso de Desorden. El Cambio de Transformación es un cambio imprevisible y un cambio exponencial. Representa un cambio de Nivel de Identidad.

LOS HUMANOS SON SISTEMAS COMPLETOS. LOS HUMANOS SON HOLOGRAMAS.

Punto de bifurcación - Punto de unidad - El continuo espacio-tiempo de Einstein

-Curva de transformación

Las anomalías son indicadores de un ciclo de Entropía. La entropía se considera una medida de la Energía no disponible en un Sistema Cerrado que también se suele considerar como la medida del desorden de los sistemas. Es la propiedad del estado de los sistemas y que varía directamente con cualquier cambio reversible dentro de éste, al grado de desorden o incertidumbre del mismo.

La Función de la entropía es al estado final de uniformidad inerte, una carencia de poder de movimiento. Una deficiencia en las propiedades activas, debido a la falta de acciones habituales o previstas. Sencillamente, la entropía (Energía no disponible) es inexperta. La entropía liberó su Energía disponible en un esfuerzo por evitar el cambio, debido a que no está capacitada para cambiarse a sí misma. Esto es el resultado de un Sistema Cerrado que no está abierto al cambio, hasta el punto de negar, rechazar y reprimir cualquier dato nuevo.

Anomalías: Son eventos, condiciones y procesos, que varían de la norma o plan original o Fase de Formación de todas las cosas hechas por el hombre o la naturaleza.

Estas anomalías son Energía no disponible, no calificada, originada en el Principio o Fase de Formación. Las anomalías son Información que va en contra de la norma y las creencias del sistema. Son defectos que ya forman parte del sistema desde el principio y que impiden que el sistema crezca. Las Anomalías vienen a hacer que vuelvan las partes que faltan en el Sistema Completo. El nivel de gravedad de las Anomalías es indicativo del grado de desorden o incertidumbre del sistema, desde el principio, que es capaz de cambiar de forma reversible. Por lo tanto, las Anomalías no se producen sin la posibilidad y el potencial de cambio en el sistema. El propósito o la intención de las Anomalías en sí mismas es hacer que las partes que faltan en el sistema vuelvan a estar completas. Todo sistema que funciona es un sistema completo y debe cambiar y crecer para seguir siendo un sistema completo.

Cuando aparecen las Anomalías, el crecimiento se consigue de nuevo integrando las diferencias y modificaciones en el patrón original o Fase de Formación. La Totalidad es el Principio por el que las Anomalías trabajan naturalmente.

Principio de Totalidad: La Fuerza Unificadora que nos mantiene unidos, la unificación interna proviene del macrosistema con el fin de vivir y crecer.

Lo que se resiste persiste. Esta fuerza promueve la Integración de todas las partes.

La integración existe gracias a la estructura y los procesos. Los Sistemas Naturales están unificados de manera que hacen que las partes trabajen juntas, en paralelo a través de las Leyes de Similitud y Correspondencia. Integraciones de Conceptos, Principios y Modelos trabajando juntos. Los elementos se interrelacionan y son interdependientes sin desviarse o cambiar, como en el propósito de la acción, el comienzo y la fase de formación.

La Unidad en la física consiste en los aspectos unificadores de los Sistemas Naturalmente Integrados, con una cualidad o estado de ser Múltiple. La intención es la determinación del sistema; la Inercia del Sistema, desde el Principio.

Concepto: Algo concebido en la mente, pensamientos, noción.

Principios: Ley fundamental, supuestos, leyes o hechos de la naturaleza y que viven el funcionamiento de un dispositivo artificial (axioma).

Similitudes/Correspondencia; Conceptos/Principios/Modelos:

Interrelacionados/Interdependientes sin Desviaciones o cambio de Propósito de acción. Tomar Tiempo para cambiar el Continuo del Desorden Natural que solo ocurre al Futuro.

Para cambiar por Naturaleza, hay que cambiar Función y Condición. Para Transformar cambiar la Función, se cambia la Función por:

1) Eliminación
2) Inserción
3) Permutación

Integrar (Unidad), el sentido del bien y del mal $E=mc^2$

E/ Energía; Diferencia de potencial = m/ Masa

c/ Velocidad de la luz

O (con una línea que lo atraviesa) / Energía gastada para responder, X/ Tiempos/ X=Posición

La Curva "S" y la visión del mundo de la era en la que estamos:

> La Era de la Información   La Era del Conocimiento
> La Era de la Sabiduría

TÉCNICA DE NEGENTROPÍA

Identifique un lugar en el suelo donde estará su Negentropía (Curva S), y localice las fases de Formación, Normalización y Cumplimiento en la Negentropía. Tome los 3 primeros sentidos de su orden de activación y colóquelos en primer, segundo y tercer lugar, pasando por la primera fase de formación, la segunda de normalización y la tercera de cumplimiento.

Tome los 3 últimos sentidos activados en su orden de activación sensorial, basándose en su perfil de personalidad sensorial, y colóquelos en la parte posterior de la S, representando la Negentropía. Colóquelos en el orden del 4º, 5º y 6º sentido activado en la 4ª fase de Formación, 5ª de Normalización y 6ª de Realización, en el Ciclo de Negentropía. Simplemente modele cada Mapa de Negentropía proporcionado.

Los primeros 3 sentidos en la Negentropía representan su Visión del Mundo, que también contiene la Cantidad y el Exponente de su Desorden Discontinuo, y su Éxito Natural Continuo.

Siga el Proceso de Cuestionamiento para cada una de las Preguntas Primarias en el Orden de Activación de su Personalidad Sensorial. El 1er sentido activado es la Fase de Formación para su Éxito de la Visión del Mundo y el 4to sentido activado es la visión de sí mismo para su Fase de Formación. El 2do sentido activado es la Visión del Mundo para su Fase de Normalización y el 5to sentido activado es la visión de sí mismo de su Fase de Normalización. El 3er sentido activado siendo la Fase de Realización para tu Visión del Mundo de tu Éxito y el 6º sentido activado siendo la visión de sí mismo de su Fase de Realización del éxito.

Cada una de las tarjetas sensoriales tiene tanto la visión del mundo como la visión de sí mismo de las preguntas primarias, los elementos, las funciones y los programas enumerados. Dependiendo de si el sentido es su visión personal del mundo o de sí mismo, utilice las preguntas apropiadas a medida que avanza en esta técnica.

Si el sentido está en una posición de Visión del Mundo, use las Preguntas de la Visión del Mundo, y si el sentido está en una posición de Visión del Ser, use las Preguntas de la Visión del Ser.

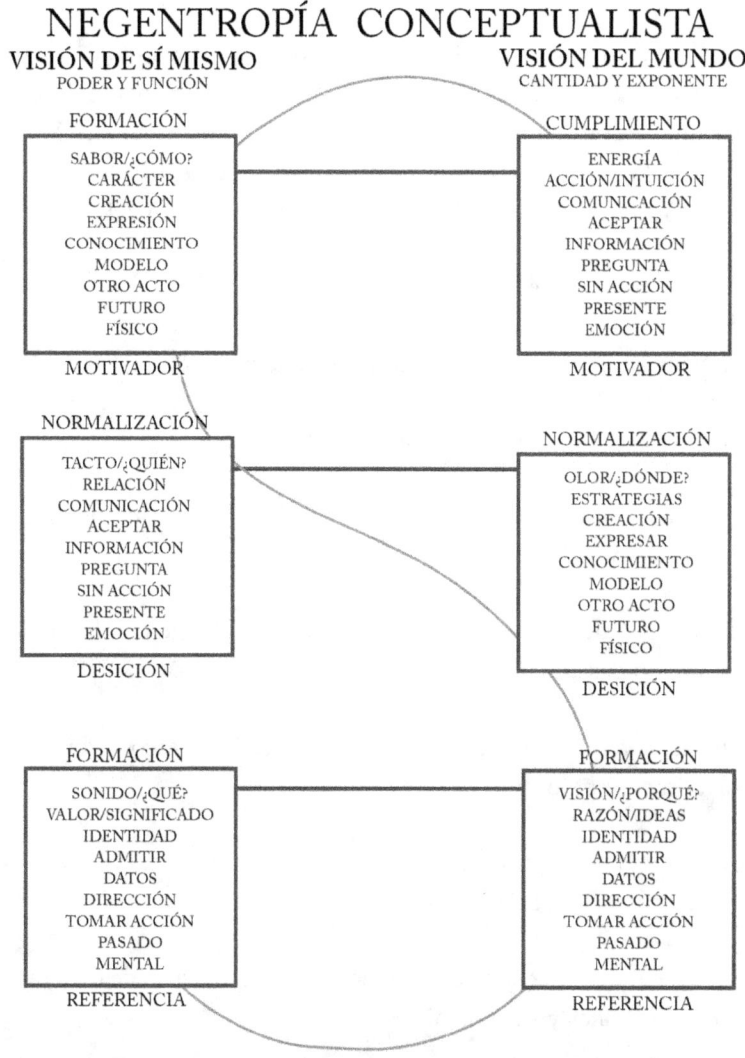

CONCEPTUALISTA

Referencia de la Vista:

Basado en lo que se ve a través de este sentido. La pregunta principal es "¿por qué?" (Razones, ideas, conceptos). Meta Mayor: Borrar (diferencia),

Elementos: Mental: (Conciencia Humana), Pasado: (Tiempo), Datos: (Sabiduría), Tomar Acción: (Elección), Dirección: (Cambio), Individual: (Visión del Mundo), Real: (Memoria), Identidad: (Función Humana), Estructura: (Naturaleza), Equivocado: (Cuántico), Intención: (Mensaje), Recepción: (Secuencia de procesamiento de datos), Negar: (Sistema Cerrado), Admitir: (Sistema Abierto), Borrar: (Transformación).

La pregunta principal es POR QUÉ:

La ubicación en la curva S es la fase de formación.

Preguntas sobre el PORQUÉ de la visión del mundo:

¿Por qué hay una gran cantidad de Ideas y Conceptos que observar con respecto a este objetivo o deseo?

¿Puede ver las prácticas y las operaciones que intervienen en la formación de esta meta o deseo?

Hay un gran respeto en relación con esta meta o deseo, ¿Por qué está involucrado el respeto?

¿Sabe usted las razones por las que algo de esto podría estar mal y, si es así, conoce ideas para corregir el error?

Esta es una meta o acción continuada basada en sus ideas y razones, ¿conoce las acciones y sus razones?

Preguntas sobre el PORQUÉ de la visión de sí mismo:

¿Por qué hay un gran Poder involucrado en su visión de sí mismo para poder lograr esta meta o deseo?

Hay una función para una cantidad ilimitada de éxito en su visión propia con respecto a esta meta o deseo, ¿tiene usted Ideas sobre esta función?

¿Su identidad es el poder y la función de esta meta o deseo y su pasado es una gran parte de esto para que usted conozca las razones y las maneras de ayudar a la visión del mundo en esta meta?

Dar poder y potencial ilimitado a su visión del mundo consiste en ideas y conceptos, ¿los ve?

¿Por qué se ha formado esta meta o deseo en su propia imagen?

Referencia de sonido:

Basado en cualquier cosa que se escuche a través de este sentido, ya sea ambiental o interno, como los pensamientos: La pregunta principal es qué. (Valores, Ética, Sentido) Meta Mayor: Borrar (igualdad),

Elementos: Mental: (Conciencia Humana), Pasado: (Tiempo), Datos: (Sabiduría), Tomar Acción: (Elección), Dirección: (Cambio), Individual: (Visión del Mundo), Real: (Memoria), Identidad: (Función Humana), Estructura: (Naturaleza), Derecho: (Cuántico), Intención: (Mensaje), Recepción: (Secuencia de procesamiento de datos), Negar: (Sistema Cerrado), Admitir: (Sistema Abierto), Borrar: (Transformación).

Preguntas sobre el QUÉ de la visión del mundo:

Formación: ¿Qué valor y significado tiene esta meta para usted, según su visión del mundo?

¿Qué acción y dirección le exige la formación de esta meta?

Se trata de una meta muy individualista que representa hasta cierto punto su propia identidad.

¿Sabe qué aspectos individuales de usted y de su propia identidad puede representar?

Esta meta representa la estructura y lo que es correcto en su visión del mundo. ¿Qué podría tener que eliminar de su visión del mundo para formar esta meta?

¿Qué potencial tiene esta meta en su visión del mundo?

Preguntas sobre el QUÉ de la visión de sí mismo:

Tiene grandes pensamientos y direcciones con respecto a potenciar y dar función a esta meta.

¿Es consciente de estos pensamientos y direcciones que tiene?

Durante bastante tiempo esta meta ha tenido un gran valor y significado para usted. ¿Qué es lo correcto para usted personalmente sobre esta meta?

Es posible que haya recuerdos reales de su pasado que tengan que ser borrados de su sentido para que usted sea el individuo que dé poder y función a la formación de esta meta. ¿Es consciente de alguno y está dispuesto a eliminar su significado?

Ya tiene una estructura natural en usted de poder y función para ayudar a formar esta meta. ¿Es consciente de estos aspectos de usted mismo ahora?

Decisión del olfato:

Basada en lo que se huele a través de este sentido. La pregunta principal es dónde. (Estrategias) Meta mayor: Generalizar (igualdad): Generalizar (igualdad),

Elementos: Físico: (Conciencia humana), Futuro: (Tiempo), Conocimiento: (Sabiduría), Dejar que otros actúen: (Elección), Modelado: (Cambio), Sociedad: (Visión del mundo), Genético: (Memoria), Creación: (Función humana), Procesos: (Naturaleza), Muerte: (Cuántica), Contexto: (Mensaje), Transmitir: (Secuencia de procesamiento de datos), Reprimir: (Sistema cerrado), Expresar: (Sistema abierto), Permutación: (Transformación).

Preguntas sobre DÓNDE de la visión del mundo:

Para normalizar este objetivo es necesario saber que hay que dejar actuar a los demás y reorganizar algunas cosas.

¿Sabe usted algunas de estas cosas en su visión del mundo sobre este objetivo?

El futuro está implicado en el proceso actual de normalización de este objetivo, ¿sabe de algunos modelos o cosas en la normalización que pueden ayudar a crear el futuro de este objetivo?

Una parte de la cantidad y el potencial de la normalización de este objetivo podrían requerir la liberación de algunas estrategias anticuadas. ¿Sabe o puede imaginar cuáles pueden ser algunas?

Toda esta visión del mundo de normalizar este objetivo representa gran parte del futuro de este objetivo, ¿es usted consciente de los pasos y la progresión que esto puede indicar para este objetivo?

¿Dónde se ve a sí mismo cuando normalice esta meta?

Preguntas sobre DÓNDE de la visión de sí mismo:

Usted tiene todo un campo de conciencia a su alrededor lleno de conocimiento para dar poder y función a esta meta.

¿Es capaz de saber qué habilidades y experiencias conscientes ha adquirido ya para apoyar esta meta?

Puede que haya estrategias que usted veía sobre sí mismo que tenga que descartar para ayudar a normalizar esta meta.

¿Es consciente de algunas?

La forma en que usted ve personalmente su éxito para el futuro tiene poder y función para esta meta, ¿podría incluso ajustar y mejorar esta visión propia del éxito ahora?

Las decisiones para usted mismo con respecto a otros a los que puede permitir que tomen medidas para el futuro de esta meta son un poder y una función de esta meta.

¿Es consciente de los otros que toman medidas a los que esto se refiere?

Decisión del tacto:

Basada en todo lo que se siente a través de este sentido: La pregunta principal es ¿Quién? (Relaciones, la forma en que las cosas se relacionan entre sí), Mayor Meta: Distorsionar (Amplificación),

Elementos: Emociones: (Conciencia humana), Presente: (Tiempo), Información: (Sabiduría), No Acción: (Elección), Pregunta: (Cambio), Familia: (Visión del mundo), Vicario: (Memoria), Comunicación: (Función humana), Patrones: (Naturaleza), Dios: (Cuántica), Contenido: (Mensaje), Almacenamiento: (Secuencia de procesamiento de datos), Rechazo: (Sistema cerrado), Aceptación: (Sistema abierto), Inserción: (Transformación).

Preguntas sobre el QUIÉN de la visión del mundo:

¿Quién es el responsable de que esto aparezca ahora?

Que se relaciona con esto debido a ¿Quién?

Preguntas sobre el QUIEN de la visión de sí mismo:

¿Quién decide sobre esto?

Esto se relaciona con su elección debido a ¿Quién? Energía Motivadora:

Basado en las acciones en el entorno y dentro de usted, también en las intuiciones que tiene. La pregunta principal es Cuál. (Acción, Intuición) Mayor Meta: Distorsionar (disminuir),

Elementos: Emociones: (Conciencia Humana), Presente: (Tiempo), Información: (Sabiduría), No Acción: (Elección), Pregunta: (Cambio), Familia: (Visión del Mundo), Vicario: (Memoria), Comunicación: (Función Humana), Patrones: (Naturaleza), Ser: (Cuántico), Contenido: (Mensaje), Almacenamiento: (Secuencia de procesamiento de datos), Rechazar: (Sistema Cerrado), Aceptar: (Sistema Abierto), Insertar: (Transformación).

Preguntas sobre el CUAL de la visión del mundo:

El cumplimiento de este objetivo representa una motivación en la forma de ver el mundo.

¿Qué es lo que te motiva del cumplimiento de este objetivo?

El cumplimiento de esta meta puede haber sido imaginado por usted antes de su cumplimiento.

¿Qué emociones ha experimentado cuando ha imaginado el cumplimiento de este objetivo?

Es posible que el cumplimiento de este objetivo no requiera acción por su parte, sino información y comunicación, ¿es usted consciente de cuál podría ser esta información y de las formas de comunicarla?

Puedes captar muchas cosas al ver el mundo, ¿Qué intuiciones conoces en este momento que pueden ayudar a que este objetivo se cumpla?

El cumplimiento de este objetivo puede traer a su mente muchas preguntas relacionadas con la forma en que puede haber visto el mundo antes. Las respuestas a estas preguntas están en sus emociones, ¿conoce el contenido de estas emociones?

Preguntas sobre el CUÁL de la visión de sí mismo:

Lo tiene todo dentro de usted para ser el poder y la función para cumplir esta meta. Usted ha tenido incluso intuiciones con respecto al cumplimiento de esta meta durante mucho tiempo.

¿Es consciente o puede identificar algunas de estas intuiciones ahora?

Sus emociones y su capacidad para introducir información cuando es apropiado, le aportan motivación para cumplir este objetivo. ¿Es consciente del poder y la función que tiene con estas habilidades?

Su visión de sí mismo, sólo usted, es suficiente para dar poder y función al cumplimiento de esta meta.

¿A qué se refiere esto específicamente sobre usted?

¿Es consciente de la información y los patrones de comunicación que tiene usted mismo para utilizarlos para potenciar el cumplimiento de este objetivo?

Motivador del gusto:

Basado en todo lo experimentado por este sentido: La pregunta principal es cómo. (Creer en el carácter, identificar el carácter), Meta Mayor: Generalizar (diferencia),

Elementos: Físico: (Conciencia humana), Futuro: (Tiempo), Conocimiento: (Sabiduría), Dejar que otros actúen: (Elección), Modelado: (Cambio), Sociedad: (Visión del mundo), Genético: (Memoria), Creación: (Función humana), Procesos: (Naturaleza), Vida: (Cuántica), Contexto: (Mensaje), Transmitir: (Secuencia de procesamiento de datos), Reprimir: (Sistema cerrado), Expresar: (Sistema abierto), Permutación: (Transformación).

Preguntas sobre el CÓMO de la visión del mundo:

¿Cómo es eso para usted?

¿Refleja eso rasgos de su carácter?

Preguntas de cómo de la visión de uno mismo:

¿Cómo es eso para usted, para que crezca a partir de eso?

¿Cómo son sus rasgos de carácter para su éxito sobre todo esto?

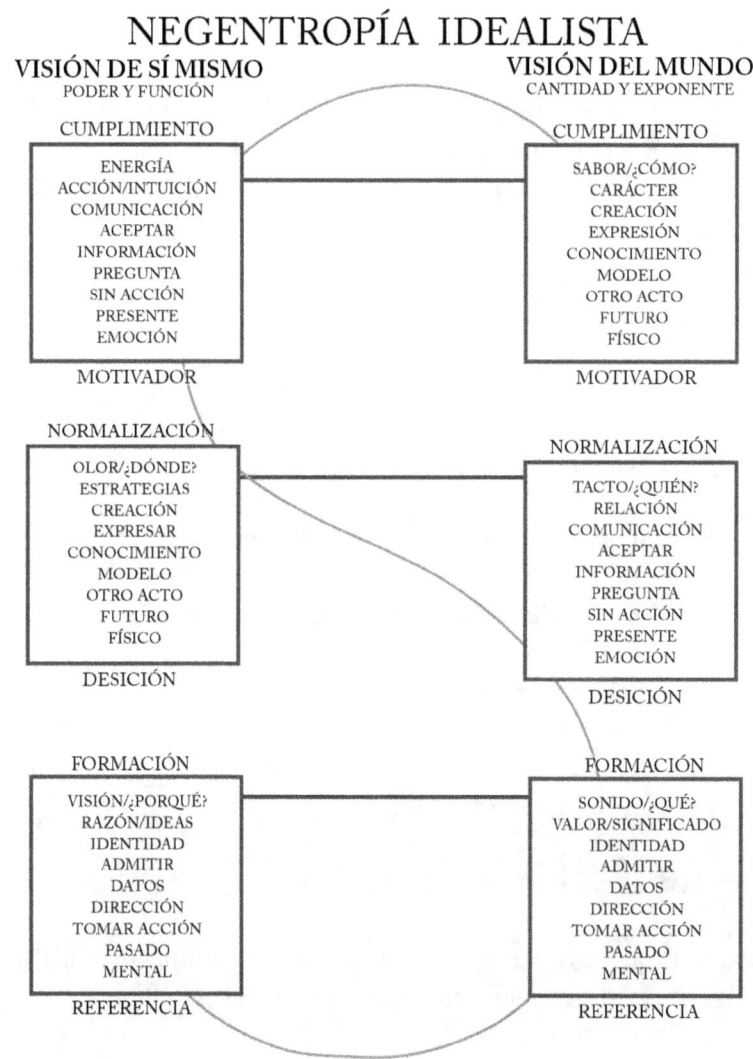

IDEALISTA

Referencia de sonido:

Basado en cualquier cosa que se escuche a través de este sentido, ya sea ambiental o interno, como los pensamientos: La pregunta principal es Qué. (Valores, Ética, Sentido) Meta mayor: Borrar (igualdad),

Elementos: Mental: (Conciencia humana), Pasado: (Tiempo), Datos: (Sabiduría), Actuar: (Elección), Dirección: (Cambio), Individual: (Visión del mundo), Real: (Memoria), Identidad: (Función humana), Estructura: (Naturaleza), Derecho: (Cuántica), Intención: (Mensaje), Recepción: (Secuencia de procesamiento de datos), Negar: (Sistema cerrado), Admitir: (Sistema abierto), Borrar: (Transformación).

Preguntas sobre el QUÉ de la visión del mundo:

¿Qué oye en su entorno al respecto?

¿Qué significado/valor tiene esto para usted en la situación?

Preguntas sobre el QUÉ de la visión propia:

¿Qué es lo que tiene el mayor valor de esto para usted?

¿Qué puede decirse a sí mismo repetidamente para influir sobre usted y sobre los demás con respecto a esto?

Referencia de la vista:

Basado en lo que se ve a través de este sentido. La pregunta principal es Por qué, (Razones, Ideas, Conceptos) Meta mayor: Borrar (diferencia),

Elementos: Mental: (Conciencia humana), Pasado: (Tiempo), Datos: (Sabiduría), Actuar: (Elección), Dirección: (Cambio), Individual: (Visión del mundo), Real: (Memoria), Identidad: (Función humana), Estructura: (Naturaleza), Incorrecto: (Cuántica), Intención: (Mensaje), Recepción:

(Secuencia de procesamiento de datos), Negar: (Sistema cerrado), Admitir: (Sistema abierto), Borrar: (Transformación).

Preguntas sobre el PORQUÉ de la visión del mundo:

¿Por qué el Mundo parece ser así?

¿Puede explicar algunas razones e ideas para sus observaciones?

Preguntas sobre el PORQUÉ de la visión propia:

Usted tiene grandes ideas y razones sobre esto, ¿Por qué?

¿Puede describir su visión de esto?

Decisión del tacto:

Basado en todo lo que se siente a través de este sentido: La pregunta principal es ¿Quién? (Relaciones, la forma en que las cosas se relacionan entre sí), Meta mayor: Distorsionar (Amplificación),

Elementos: Emociones: (Conciencia humana), Presente: (Tiempo), Información: (Sabiduría), No Acción: (Elección), Pregunta: (Cambio), Familia: (Visión del mundo), Vicario: (Memoria), Comunicación: (Función humana), Patrones: (Naturaleza), Dios: (Cuántica), Contenido: (Mensaje), Almacenamiento: (Secuencia de procesamiento de datos), Rechazar: (Sistema cerrado), Aceptar: (Sistema abierto), Insertar: (Transformación).

Preguntas sobre el QUIÉN de la visión del mundo:

Explique la relación de su entorno con respecto al enunciado del objetivo/problema.

¿Quién siente que tiene el mayor efecto sobre usted acerca de esto?

Preguntas sobre el QUIÉN de la visión propia:

¿Quién es capaz de decidir sobre esto?

¿Esto se relaciona con usted porque?

Decisión del olfato:

Se basa en lo que se huele a través de este sentido. La pregunta principal es Dónde. (Estrategias) Meta principal: Generalizar (igualdad),

Elementos: Físicos: (Conciencia humana), Futuro:(Tiempo), Conocimiento: (Sabiduría), Que otros actúen: (Elección), Modelado: (Cambio), Sociedad: (Visión del mundo), Genética: (Memoria), Creación: (Función humana), Procesos: (Naturaleza), Muerte: (Cuántica), Contexto: (Mensaje), Transmitir: (Secuencia de procesamiento de datos), Reprimir: (Sistema cerrado), Expresar: (Sistema abierto), Permutar: (Transformación).

Preguntas sobre el DÓNDE de la visión del mundo:

¿En qué punto se encuentra usted con respecto a la consecución del éxito con esto?

¿Qué estrategias tiene usted con respecto a las creencias limitantes?

Preguntas sobre el DÓNDE de la visión propia:

¿Dónde puede desarrollar sus estrategias para lograr esto?

¿Dónde se encuentra usted cuando tenga su potencial personal de conocimiento de esto?

Motivador del gusto:

Basado en todo lo experimentado por este sentido: La pregunta principal es cómo. (Creer en el carácter, identificar el carácter), Meta Mayor: Generalizar (diferencia),

Elementos: Físico: (Conciencia humana), Futuro: (Tiempo), Conocimiento: (Sabiduría), Que otros actúen: (Elección), Modelado: (Cambio), Sociedad: (Visión del mundo), Genética: (Memoria), Creación: (Función humana), Procesos: (Naturaleza), Vida: (Cuántica), Contexto: (Mensaje), Transmitir: (Secuencia de procesamiento de datos), Reprimir: (Sistema cerrado), Expresar: (Sistema abierto), Permutar: (Transformación).

Preguntas sobre el CÓMO de la visión del mundo:

¿Cómo refleja su entorno aspectos de usted, con esto?

¿Cómo aparece su mundo en su futuro con respecto a esto?

Preguntas sobre el CÓMO de la visión de sí mismo:

¿Cómo se entrenan sus fortalezas acerca de esto para lidiar con ello?

¿Cómo se desarrollan sus rasgos de carácter a través de esto?

Motivador de energía:

Basado en las acciones en el entorno y dentro de ti, también en las intuiciones que tienes. La pregunta principal es cuál. (Acción, Intuición) Meta mayor: Distorsionar (disminuir).

Elementos: Emociones: (Conciencia humana), Presente: (Tiempo), Información: (Sabiduría), No Acción: (Elección), Pregunta: (Cambio), Familia: (Visión del mundo), Vicario: (Memoria), Comunicación: (Función humana), Patrones: (Naturaleza), Yo: (Cuántica), Contenido: (Mensaje), Almacenamiento: (Secuencia de procesamiento de datos), Rechazar: (Sistema cerrado), Aceptar: (Sistema abierto), Insertar: (Transformación).

Preguntas sobre el CUÁL de la visión del mundo:

¿Qué acciones lo motivan más a esto?

¿Qué acciones de su entorno le dan las mejores intuiciones?

Preguntas sobre el CUÁL de la visión de sí mismo:

¿Qué acciones dentro de usted tienen la mayor Función para su propósito principal?

¿Qué intuiciones en usted son las más poderosas aquí?

NEGENTROPÍA RELACIONALISTA

VISIÓN DE SÍ MISMO
PODER Y FUNCIÓN
CUMPLIMIENTO

OLOR/¿DÓNDE?
ESTRATEGIAS
CREACIÓN
EXPRESAR
CONOCIMIENTO
MODELO
OTRO ACTO
FUTURO
FÍSICO

MOTIVADOR

NORMALIZACIÓN

VISIÓN/¿PORQUÉ?
RAZÓN/IDEAS
IDENTIDAD
ADMITIR
DATOS
DIRECCIÓN
TOMAR ACCIÓN
PASADO
MENTAL

DESICIÓN

FORMACIÓN

ENERGÍA
ACCIÓN/INTUICIÓN
COMUNICACIÓN
ACEPTAR
INFORMACIÓN
PREGUNTA
SIN ACCIÓN
PRESENTE
EMOCIÓN

REFERENCIA

VISIÓN DEL MUNDO
CANTIDAD Y EXPONENTE
CUMPLIMIENTO

SONIDO/¿QUÉ?
VALOR/SIGNIFICADO
IDENTIDAD
ADMITIR
DATOS
DIRECCIÓN
TOMAR ACCIÓN
PASADO
MENTAL

MOTIVADOR

NORMALIZACIÓN

SABOR/¿CÓMO?
CARÁCTER
CREACIÓN
EXPRESIÓN
CONOCIMIENTO
MODELO
OTRO ACTO
FUTURO
FÍSICO

DESICIÓN

FORMACIÓN

TACTO/¿QUIÉN?
RELACIÓN
COMUNICACIÓN
ACEPTAR
INFORMACIÓN
PREGUNTA
SIN ACCIÓN
PRESENTE
EMOCIÓN

REFERENCIA

RELACIONISTA

Referencia del Tacto:

Basado en todo lo que se siente a través de este sentido: La pregunta principal es ¿Quién? (Relaciones, la forma en que las cosas se relacionan entre sí), Meta Mayor: Distorsionar (Amplificación).

Elementos: Emociones: (Conciencia humana), Presente: (Tiempo), Información: (Sabiduría), No Acción: (Elección), Pregunta: (Cambio), Familia: (Visión del mundo), Vicario: (Memoria), Comunicación: (Función humana), Patrones: (Naturaleza), Dios: (Cuántica), Contenido: (Mensaje), Almacenamiento: (Secuencia de procesamiento de datos), Rechazar:(Sistema cerrado), Aceptar: (Sistema abierto), Insertar: (Transformación).

La pregunta principal es ¿Quién?

La ubicación en la curva S es la fase de formación:

Preguntas sobre el WHO de la visión del mundo:

¿En quién se fija principalmente este objetivo o deseo?

Hay un potencial ilimitado que usted conoce con respecto a esta meta o deseo.

Esta meta o deseo tiene contenido, Dios, memoria de cuento de hadas y muchas preguntas ¿Quién ganará con esto?

¿A quién esperas ayudar con esta meta o deseo?

Preguntas sobre WHO de la visión de sí mismo:

¿A quién le ha enviado Dios en esta meta o deseo?

¿Quién jugó un papel en que usted tenga el Poder y el Propósito de asistir con esta meta o deseo?

Las formas de relacionarse dentro de ti con respecto a esta meta o deseo se amplían ¿entiende las formas de relacionarse consigo mismo para ayudar con esta meta o deseo?

¿Cómo se verá a sí mismo cuando logre esta meta o deseo?

Referencia energética:

Basado en las acciones en el entorno y en tu interior, también en las intuiciones que tienes. La pregunta principal es cuál. (Acción, Intuición) Meta Mayor: Distorsionar (Disminuir),

Elementos: Emociones: (Conciencia humana), Presente: (Tiempo), Información: (Sabiduría), No Acción: (Elección), Pregunta: (Cambio), Familia: (Visión del mundo), Vicario: (Memoria), Comunicación: (Función humana), Patrones: (Naturaleza), Yo: (Cuántica), Contenido: (Mensaje), Almacenamiento: (Secuencia de procesamiento de datos), Rechazar: (Sistema cerrado), Aceptar: (Sistema abierto), Insertar: (Transformación).

La pregunta principal es ¿Cuál?

La ubicación en la Curva S es la Fase de Formación.

Preguntas sobre CUÁL de la visión del mundo:

¿Qué acciones e intuiciones observa en el Mundo en el presente que esta meta o deseo ayudará a mejorar la percepción del Ser en el mundo?

¿Qué información y habilidades observa en el mundo que la formación de esta meta o deseo creará aceptación en el mundo?

En el presente, ¿Qué emociones son las que más percibe cuando piensa en esta meta o deseo?

¿Qué intuiciones son las más importantes para usted al formar esta meta o deseo?

La información y la comunicación son primordiales en la formación de esta meta o deseo, ¿Sabe cuál es la información y la comunicación más importante?

Preguntas sobre el CUÁL de la visión propia:

¿Qué acciones e Intuiciones hace usted personalmente para ayudar a dar poder a esta meta o deseo?

¿Qué acciones e intuiciones realiza ya que pueden dar función a esta meta o deseo?

Tiene mucha información para ayudar a su visión del mundo a normar esta meta, ¿Qué información tiene usted que se aplica a esta meta?

Es posible que haya que incluir intuiciones en esta fase de normalización para cumplir con este objetivo, ¿está usted informado sobre la forma de incluirlas en el plan?

Decisión del Gusto:

Basada en todo lo experimentado por este sentido: La pregunta principal es cómo. (Creencia sobre el carácter, identificación del carácter), Meta mayor: Generalizar (diferencia),

Elementos: Físicos: (Conciencia humana), Futuro: (Tiempo), Conocimiento: (Sabiduría), Que otros actúen: (Elección), Modelado: (Cambio), Sociedad: (Visión del mundo), Genética: (Memoria), Creación: (Función humana), Procesos: (Naturaleza), Vida: (Cuántica), Contexto: (Mensaje), Transmitir: (Secuencia de procesamiento de datos), Reprimir: (Sistema cerrado), Expresar: (Sistema abierto), Permutar: (Transformación).

La pregunta principal es ¿Cómo?

La ubicación en la curva S es la fase de normalización:

Preguntas sobre el CÓMO de la visión del mundo:

¿Cómo este objetivo o deseo generaliza sus creencias de carácter en su visión del mundo?

¿Cómo se expresa la sabiduría, el cambio y la creación al ver el mundo a través de esta meta o deseo?

El futuro se ve con esta meta o deseo ¿La vida y el reordenamiento del Mundo comprenden el potencial en esto?

¿Cómo se trata de la sociedad, la familia, experimentando una mayor conciencia humana para el mundo?

Preguntas sobre el CÓMO de la visión de sí mismo:

Tiene rasgos de carácter de gran poder y propósito ¿Cómo los utiliza para ayudar con esta meta o deseo?

Tiene rasgos genéticos con poder y propósito para ayudar con esta meta o deseo ¿Cómo los usa para ayudarse a sí mismo?

Tiene una gran conciencia física de su propia inteligencia y conocimiento ¿Cómo utiliza esto para ayudarse con esta meta o deseo?

¿Tienes una vida basada en la expresión de este objetivo y deseo, cómo lo expresas?

Decisión de la vista:

Basada en lo que se ve a través de este sentido. La pregunta principal es por qué, (razones, ideas, conceptos) Meta mayor: Borrar (diferencia),

Elementos: Mental: (Conciencia humana), Pasado: (Tiempo), Datos: (Sabiduría), Actuar: (Elección), Dirección: (Cambio), Individual: (Visión del mundo), Real: (Memoria), Identidad: (Función humana), Estructura: (Naturaleza), Incorrecto: (Cuántica), Intención: (Mensaje), Recepción: (Secuencia de procesamiento de datos), Negar: (Sistema cerrado), Admitir: (Sistema abierto), Borrar: (Transformación).

La pregunta principal es ¿Por qué?

La ubicación en la curva S es la fase de normalización.

Preguntas sobre el PORQUÉ de la visión del mundo:

¿Por qué este objetivo o deseo es algo que usted cree que puede ayudar a su mundo?

Hay decisiones que quizás deba tomar en base a ideas y razones respecto a la normalización de esta meta, ¿las conoce?

El mundo puede tener una mayor dirección e individualidad con esta meta que tienes, ¿las reconoces?

Puede haber algún error posible en la visión del mundo si esta meta se lleva a cabo, ¿por qué podría ser esto, y tiene alguna idea de las formas de corregir esto?

Preguntas sobre el PORQUÉ de la visión propia:

Tiene ideas y conceptos para dar gran poder a esta meta ¿los conoce conscientemente?

Tiene dirección y acciones de su pasado que contienen función para esta meta ¿las conoce?

Esta meta o deseo representa una parte de su identidad y personalidad ¿conoce los detalles de esto?

Las decisiones para que esta meta continúe para usted pueden requerir que borre algunas ideas, conceptos y razones de su pasado, ¿está dispuesto a estar abierto y a conocerlas?

Motivador de sonido:

Basado en cualquier cosa que se escuche a través de este sentido, ya sea ambiental o interno, como los pensamientos: La pregunta principal es qué. (Valores, Ética, Sentido) Meta Mayor: Borrar (igualdad),

Elementos: Mental: (Conciencia humana), Pasado: (Tiempo), Datos: (Sabiduría), Actuar: (Elección), Dirección: (Cambio), Individual: (Visión del mundo), Real: (Memoria), Identidad: (Función humana), Estructura: (Naturaleza), Derecho: (Cuántica), Intención: (Mensaje), Recepción: (Secuencia de procesamiento de datos), Negar: (Sistema cerrado), Admitir: (Sistema abierto), Borrar: (Transformación).

La pregunta principal es Qué

Ubicación en la Curva S es Fase Cumplida.

Preguntas sobre el QUÉ de la visión del mundo:

¿Qué valor tiene el cumplimiento de este objetivo para el mundo tal y como usted lo ve?

El cumplimiento de esta meta o deseo establece la dirección y la acción en el mundo, ¿Qué significado tiene esto para el mundo tal y como usted lo ve?

El cumplimiento de esta meta o deseo es muy correcto, ¿es usted consciente de lo correcto que es?

Cumplir esta meta o deseo representa una Identidad Mundial que usted tiene; ¿sabe usted cuál es esta Identidad y su Propósito?

Cumplir esta meta representa su Pasado, ¿Qué de su pasado representa esto?

Preguntas sobre la autoevaluación:

¿Qué es lo correcto de sus valores y de su pasado en el cumplimiento de esta meta?

¿Qué hay en su identidad que le da poder para cumplir esta meta o deseo?

¿Qué significado tiene para usted el funcionamiento de esta meta?

¿Qué escucha o imagina que se dice a sí mismo cuando logra esta meta?

Motivador olfativo:

Basado en lo que se huele a través de este sentido. La pregunta principal es dónde. (Estrategias) Meta mayor: Generalizar (igualdad),

Elementos: Físico: (Conciencia humana), Futuro: (Tiempo), Conocimiento: (Sabiduría), Dejar que otros actúen: (Elección), Modelado: (Cambio), Sociedad: (Visión del mundo), Genético: (Memoria), Creación: (Función humana), Procesos: (Naturaleza), Muerte: (Cuántica), Contexto: (Mensaje), Transmitir: (Secuencia de procesamiento de datos), Reprimir: (Sistema cerrado), Expresar: (Sistema abierto), Permutación: (Transformación).

La pregunta principal es ¿Dónde?

La ubicación en la Curva S es la Fase de Cumplimiento.

Preguntas sobre el DÓNDE de la visión del mundo:

¿Dónde se ve el mundo cuando se cumpla este objetivo?

Esta meta o deseo representa el conocimiento, la creación y la sociedad en su visión del mundo, ¿a dónde ve que lleva al mundo cuando se cumpla?

¿A dónde lleva este objetivo o deseo el futuro de su visión del mundo?

Llevar a cabo este objetivo está en sus genes, ¿sabe de dónde viene?

Preguntas sobre el DÓNDE de la visión de sí mismo:

Tiene el poder en su conocimiento, y experiencia consciente para asegurar el éxito de la meta o deseo ¿conoce los detalles de esto?

Puede que haya estrategias que tenga que dejar de hacer y que le son muy queridas para alcanzar esta meta, ¿sabe cuáles son?

El logro de esta meta puede ayudarlo a cambiar muchas experiencias de vida en el mundo tal como lo ve, en más metas futuras, ¿está abierto a esto?

El cumplimiento de esta meta o deseo puede cambiarlo a usted y a su futuro continuo, ¿está listo para esto?

NEGENTROPÍA ACCIONISTA

VISIÓN DE SÍ MISMO	VISIÓN DEL MUNDO
PODER Y FUNCIÓN	CANTIDAD Y EXPONENTE
CUMPLIMIENTO	CUMPLIMIENTO

SONIDO/¿QUÉ?	OLOR/¿DÓNDE?
VALOR/SIGNIFICADO	ESTRATEGIAS
IDENTIDAD	CREACIÓN
ADMITIR	EXPRESAR
DATOS	CONOCIMIENTO
DIRECCIÓN	MODELO
TOMAR ACCIÓN	OTRO ACTO
PASADO	FUTURO
MENTAL	FÍSICO

MOTIVADOR	MOTIVADOR
NORMALIZACIÓN	NORMALIZACIÓN

SABOR/¿CÓMO?	VISIÓN/¿PORQUÉ?
CARÁCTER	RAZÓN/IDEAS
CREACIÓN	IDENTIDAD
EXPRESIÓN	ADMITIR
CONOCIMIENTO	DATOS
MODELO	DIRECCIÓN
OTRO ACTO	TOMAR ACCIÓN
FUTURO	PASADO
FÍSICO	MENTAL

DESICIÓN	DESICIÓN
FORMACIÓN	FORMACIÓN

TACTO/¿QUIÉN?	ENERGÍA
RELACIÓN	ACCIÓN/INTUICIÓN
COMUNICACIÓN	COMUNICACIÓN
ACEPTAR	ACEPTAR
INFORMACIÓN	INFORMACIÓN
PREGUNTA	PREGUNTA
SIN ACCIÓN	SIN ACCIÓN
PRESENTE	PRESENTE
EMOCIÓN	EMOCIÓN

REFERENCIA	REFERENCIA

ACCIONISTA

Referenci de Energía:

Basado en las acciones en el entorno y en su interior, también en las intuiciones que usted tiene. La pregunta principal es cuál. (Acción, Intuición) Meta mayor: Distorsionar (disminuir),

Elementos: Emociones: (Conciencia humana), Presente: (Tiempo), Información: (Sabiduría), No Acción: (Elección), Pregunta: (Cambio), Familia: (Visión del mundo), Vicario: (Memoria), Comunicación: (Función humana), Patrones: (Naturaleza), Yo: (Cuántica), Contenido: (Mensaje), Almacenamiento: (Secuencia de procesamiento de datos), Rechazar: (Sistema cerrado), Aceptar: (Sistema abierto), Insertar: (Transformación).

La pregunta principal es ¿Cuál?

La ubicación en la Curva S es la Fase de Formación.

Preguntas sobre el CUÁL de la visión del mundo:

¿Qué acciones e intuiciones observa en el Mundo en el presente que esta meta o deseo ayudará a mejorar la percepción del Ser en el mundo?

¿Qué información y habilidades se ven en el mundo que la formación de esta meta o deseo creará la aceptación en el mundo?

En el presente, ¿Qué emociones son las más sentidas por usted cuando piensa en esta meta o deseo?

¿Qué intuiciones son las más importantes para usted al formar esta meta o deseo?

La información y la comunicación son primordiales en la formación de esta meta o deseo, ¿Sabe cuál es la información y la comunicación más importante?

Preguntas sobre el CUÁL de la visión de sí mismo:

¿Qué acciones e intuiciones hace usted personalmente para ayudar a dar poder a esta meta o deseo?

¿Qué acciones e intuiciones hace ya que pueden dar función a esta meta o deseo?

Tienes mucha información para ayudar a normalizar su visión del mundo esta meta, ¿Qué información tiene usted se aplica a esta meta?

Es posible que sea necesario incluir intuiciones en esta fase de normalización para cumplir esta meta, ¿tiene usted información sobre las formas de incluirlas en el plan?

Referencia del tacto:

Basado en todo lo que se siente a través de este sentido: La pregunta principal es ¿Quién? (Relaciones, la forma en que las cosas se relacionan entre sí), Meta Mayor: Distorsionar (Amplificación),

Elementos: Emociones: (Conciencia humana), Presente: (Tiempo), Información: (Sabiduría), No Acción: (Elección), Pregunta: (Cambio), Familia: (Visión del mundo), Vicario: (Memoria), Comunicación: (Función humana), Patrones: (Naturaleza), Dios: (Cuántica), Contenido: (Mensaje), Almacenamiento: (Secuencia de procesamiento de datos), Rechazar: (Sistema cerrado), Aceptar: (Sistema abierto), Insertar: (Transformación).

Preguntas sobre el QUIÉN de la visión del mundo:

¿En quién se fija principalmente este objetivo o deseo?

Hay un potencial ilimitado que usted conoce con respecto a esta meta o deseo.

Esta meta o deseo tiene contenido, Dios, memoria de cuento de hadas, y muchas preguntas ¿Quién ganará con esto?

¿A quién esperas ayudar con esta meta o deseo?

Preguntas sobre el QUIÉN de la visión de sí mismo:

¿A quién le ha enviado Dios en esta meta o deseo?

¿Quién jugó un papel en que usted tenga el Poder y el Propósito de asistir con esta meta o deseo?

Las formas de relacionarse con usted mismo con respecto a esta meta o deseo se amplían ¿Entiende las formas de relacionarse con usted mismo para ayudar con esta meta o deseo?

¿Cómo se verá cuando alcance esta meta o deseo?

Decisión de la vista:

Basada en lo que se ve a través de este sentido. La pregunta principal es por qué, (razones, ideas, conceptos) Meta mayor: Borrar (diferencia),

Elementos: Mental: (Conciencia humana), Pasado: (Tiempo), Datos: (Sabiduría), Actuar: (Elección), Dirección: (Cambio), Individual: (Visión del mundo), Real: (Memoria), Identidad: (Función humana), Estructura: (Naturaleza), Incorrecto: (Cuántica), Intención: (Mensaje), Recepción: (Secuencia de procesamiento de datos), Negar: (Sistema cerrado), Admitir: (Sistema abierto), Borrar: (Transformación).

La pregunta principal es ¿Por qué?

La ubicación en la curva S es la fase de normalización.

Preguntas sobre el PORQUÉ de la visión del mundo:

¿Por qué este objetivo o deseo es algo que ve que puede ayudar a su mundo?

Hay decisiones que puedes tener que tomar basadas en ideas y razones respecto a la normalización de esta meta, ¿las conoces?

El mundo puede tener una mayor dirección e individualidad con esta meta que tiene, ¿las reconoce?

Puede haber algún error posible en la visión del mundo si esta meta se produce, ¿por qué podría ser esto, y tiene alguna idea de cómo corregirlo?

Preguntas sobre el PORQUÉ de la visión de sí mismo:

Tiene Ideas y conceptos para dar gran poder a esta meta ¿los conoces conscientemente?

Tiene direcciones y acciones de su pasado que contienen funciones para esta meta ¿las conoce?

Esta meta o deseo representa una parte de su identidad y personalidad ¿conoce los detalles de esto?

Las decisiones para que esta meta continúe para usted pueden requerir que borre algunas ideas, conceptos y razones de su pasado, ¿está dispuesto a estar abierto y conocerlas?

Decisión del gusto:

Basada en cualquier cosa experimentada por este sentido: La pregunta principal es Cómo. (Creer en el carácter, identificar el carácter), Meta mayor: Generalizar (diferencia).

Elementos: Físico: (Conciencia humana), Futuro: (Tiempo), Conocimiento: (Sabiduría), Que otros actúen: (Elección), Modelado: (Cambio), Sociedad: (Visión del mundo), Genética: (Memoria), Creación: (Función humana), Procesos: (Naturaleza), Vida: (Cuántica), Contexto: (Mensaje), Transmitir: (Secuencia de procesamiento de datos), Reprimir: (Sistema cerrado), Expresar: (Sistema abierto), Permutar: (Transformación)

La pregunta principal es ¿Quién?

La ubicación en la curva S es la fase de formación:

Preguntas sobre el CÓMO de la visión del mundo:

¿Cómo este objetivo o deseo generaliza sus creencias de carácter en su visión del mundo?

¿Cómo se expresan la sabiduría, el cambio y la creación al ver el mundo a través de esta meta o deseo?

El futuro se ve con esta meta o deseo ¿La vida y el reordenamiento del Mundo comprenden el potencial en esto?

¿Cómo se trata la sociedad, la familia, la experiencia de una mayor conciencia humana para el mundo?

Preguntas sobre el CÓMO de la visión de sí mismo:

Usted tiene rasgos de carácter de gran poder y propósito ¿Cómo los utiliza para ayudar con esta meta o deseo?

Tiene rasgos genéticos con poder y propósito para ayudar con esta meta o deseo ¿Cómo los usa para ayudarse a sí mismo?

Tiene una gran conciencia física de su propia inteligencia y conocimiento ¿Cómo utiliza esto para ayudarse con esta meta o deseo?

Tiene una vida basada en la expresión de este objetivo y deseo, ¿Cómo lo expresa?

Motivador del olfato:

Basado en lo que se huele a través de este sentido. La pregunta principal es dónde. (Estrategias) Meta mayor: Generalizar (igualdad),

Elementos: Físicos: (Conciencia humana), Futuro: (Tiempo), Conocimiento: (Sabiduría), Que otros actúen: (Elección), Modelado: (Cambio), Sociedad: (Visión del mundo), Genética: (Memoria), Creación: (Función humana), Procesos: (Naturaleza), Muerte: (Cuántica), Contexto: (Mensaje),

Transmitir: (Secuencia de procesamiento de datos), Reprimir: (Sistema cerrado), Expresar: (Sistema abierto), Permutar: (Transformación).

La pregunta principal es ¿Dónde?

Preguntas sobre el DÓNDE de la visión del mundo:

¿Podría describir las estrategias que más le desafían en el Mundo?

¿En qué lugar del mundo piensa que se encuentra con respecto a esto?

Preguntas sobre el DÓNDE de la visión de sí mismo:

¿A dónde lo lleva esto?

Tiene estrategias de gran poder, ¿podría describir algunas?

Motivador del sonido:

Basado en cualquier cosa escuchada a través de este sentido ya sea ambiental o interno, como los pensamientos: La pregunta principal es qué. (Valores, Ética, Sentido) Meta Mayor: Borrar (igualdad).

Elementos: Mental: (Conciencia humana), Pasado: (Tiempo), Datos: (Sabiduría), Actuar: (Elección), Dirección: (Cambio), Individual: (Visión del mundo), Real: (Memoria), Identidad: (Función humana), Estructura: (Naturaleza), Derecho: (Cuántica), Intención: (Mensaje), Recepción: (Secuencia de procesamiento de datos), Negar: (Sistema cerrado), Admitir: (Sistema abierto), Borrar: (Transformación).

Preguntas sobre el QUÉ de la visión del mundo:

¿Qué valor tiene el cumplimiento de este objetivo para el mundo tal y como usted lo ve?

El cumplimiento de esta meta o deseo establece la dirección y la acción en el mundo, ¿Qué significado tiene esto para el mundo tal como usted lo ve?

El cumplimiento de esta meta o deseo aporta mucho derecho, ¿es usted consciente de lo que hay de correcto en ello?

Cumplir esta meta o deseo representa una Identidad Mundial suya, ¿sabe cuál es esta Identidad y su Propósito?

Cumplir esta meta representa su Pasado, ¿Qué de su pasado representa esto?

Preguntas sobre el QUÉ de la visión de sí mismo:

¿Qué es lo correcto de sus valores y de su pasado en el cumplimiento de esta meta?

¿Qué hay en su identidad que le da poder para cumplir esta meta o deseo?

¿Qué significado tiene para usted el funcionamiento de esta meta?

¿Qué es lo que oye o imagina que se dice a sí mismo cuando alcanza esta meta?

NEGENTROPÍA ESTRATÉGICA

VISIÓN DE SÍ MISMO
PODER Y FUNCIÓN
CUMPLIMIENTO

TACTO/¿QUIÉN?
RELACIÓN
COMUNICACIÓN
ACEPTAR
INFORMACIÓN
PREGUNTA
SIN ACCIÓN
PRESENTE
EMOCIÓN

MOTIVADOR

NORMALIZACIÓN

SONIDO/¿QUÉ?
VALOR/SIGNIFICADO
IDENTIDAD
ADMITIR
DATOS
DIRECCIÓN
TOMAR ACCIÓN
PASADO
MENTAL

DESICIÓN

FORMACIÓN

SABOR/¿CÓMO?
CARÁCTER
CREACIÓN
EXPRESIÓN
CONOCIMIENTO
MODELO
OTRO ACTO
FUTURO
FÍSICO

REFERENCIA

VISIÓN DEL MUNDO
CANTIDAD Y EXPONENTE
CUMPLIMIENTO

VISIÓN/¿PORQUÉ?
RAZÓN/IDEAS
IDENTIDAD
ADMITIR
DATOS
DIRECCIÓN
TOMAR ACCIÓN
PASADO
MENTAL

MOTIVADOR

NORMALIZACIÓN

ENERGÍA
ACCIÓN/INTUICIÓN
COMUNICACIÓN
ACEPTAR
INFORMACIÓN
PREGUNTA
SIN ACCIÓN
PRESENTE
EMOCIÓN

DESICIÓN

FORMACIÓN

OLOR/¿DÓNDE?
ESTRATEGIAS
CREACIÓN
EXPRESAR
CONOCIMIENTO
MODELO
OTRO ACTO
FUTURO
FÍSICO

REFERENCIA

ESTRATÉGICO

Referencia del olor:

Basado en lo que se huele a través de este sentido. La pregunta principal es Dónde. (Estrategias) Meta mayor:: Generalizar (igualdad).

Elementos: Físico: (Conciencia humana), Futuro: (Tiempo), Conocimiento: (Sabiduría), Que otros actúen: (Elección), Modelado: (Cambio), Sociedad: (Visión del mundo), Genética: (Memoria), Creación: (Función humana), Procesos: (Naturaleza), Muerte: (Cuántica), Contexto: (Mensaje), Transmitir: (Secuencia de procesamiento de datos), Reprimir: (Sistema cerrado), Expresar: (Sistema abierto), Permutar: (Transformación).

La pregunta principal es ¿Dónde?

La ubicación en la curva S es la fase de formación.

Preguntas sobre el DÓNDE de la visión del mundo:

¿Dónde ha estado en su vida que usted es capaz de hacer esta meta o deseo?

¿Dónde esta meta o deseo comparte su conocimiento con el mundo?

¿Dónde puede esta meta o deseo ayudar a transformar el mundo y para qué?

¿Dónde van a actuar otros para ayudar a formar esta meta o deseo?

Preguntas sobre el DÓNDE de la visión de sí mismo:

¿Dónde se encontrará usted personalmente al realizar esta meta o deseo?

¿Dónde crea esta meta una vida que usted merece?

Tiene poder y propósito en relación con esta meta o deseo, ¿los conoce?

Hacer esta meta o deseo puede transformarlo personalmente, ¿conoce las formas en que puede hacerlo?

Referencia del gusto:

Basado en cualquier cosa experimentada por este sentido: La pregunta principal es cómo. (Creencia sobre el carácter, identificación del carácter), Meta mayor: Generalizar (diferencia).

Elementos: Físicos: (Conciencia humana), Futuro: (Tiempo), Conocimiento: (Sabiduría), Que otros actúen: (Elección), Modelado: (Cambio), Sociedad: (Visión del mundo), Genética: (Memoria), Creación: (Función humana), Procesos: (Naturaleza), Vida: (Cuántica), Contexto: (Mensaje), Transmitir: (Secuencia de procesamiento de datos), Reprimir: (Sistema cerrado), Expresar: (Sistema abierto), Permutar: (Transformación).

La pregunta principal es ¿Cómo?

La ubicación en la curva S es la fase de formación:

Preguntas sobre el CÓMO de la visión del mundo:

¿Cómo se beneficia el mundo en general de este objetivo o deseo?

¿Cómo cree que los rasgos de carácter del mundo se transforman con esta meta o deseo?

¿Cómo afectan sus conocimientos y su vida a este objetivo y deseo?

¿Cómo representa esta meta o deseo su futuro con el mundo?

Preguntas sobre el CÓMO de la visión de sí mismo:

Tiene rasgos de carácter para aportar gran poder y propósito a esta meta o deseo, ¿los conoce?

Tiene grandes conocimientos, incluso sabiduría, para lograr esta meta o deseo, ¿los conoce?

Tiene rasgos dentro de sus genes para lograr esta meta o deseo ¿los conoce?

Usted creó personalmente el propósito de esta meta o deseo, ¿Cómo lo hizo?

Decisión de energía:

Basado en las acciones en el ambiente y dentro de ti, también las intuiciones que tienes. La pregunta principal es cuál. (Acción, Intuición) Mayor Meta: Distorsionar (disminuir).

Elementos: Emociones: (Conciencia humana), Presente: (Tiempo), Información: (Sabiduría), No Acción: (Elección), Pregunta: (Cambio), Familia: (Visión del mundo), Vicario: (Memoria), Comunicación: (Función humana), Patrones: (Naturaleza), Yo: (Cuántica), Contenido: (Mensaje), Almacenamiento: (Secuencia de procesamiento de datos), Rechazar: (Sistema cerrado), Aceptar: (Sistema abierto), Insertar: (Transformación).

La pregunta principal es ¿Cuál?

La ubicación en la curva S es la fase de normalización.

Preguntas sobre el CUÁL de la visión del mundo:

¿Qué acciones e intuiciones ha observado que le han hecho decidirse por este objetivo?

¿De qué información dispone para alcanzar este objetivo?

Hay un potencial ilimitado para alcanzar esta meta o deseo en su presente ¿conoce las cosas que debe incluir para ayudarle a alcanzar esta meta?

Es usted parte de la visión del mundo para esta meta, ¿conoce su papel en esto?

Preguntas sobre el CUÁL de la visión de sí mismo:

¿Qué partes de usted en el presente tienen el poder de alcanzar esta meta o deseo?

¿Qué partes de usted tienen el propósito para esta meta o deseo?

Tiene muchos datos almacenados para alcanzar esta meta, ¿tiene acceso a ellos ahora?

Tiene intuiciones actualmente para ayudar a alcanzar esta meta, ¿las conoce ahora?

Decisión de sonido:

Basada en cualquier cosa escuchada a través de este sentido, ya sea ambiental o interno, como los pensamientos: La pregunta principal es qué. (Valores, Ética, Sentido) Mayor Meta: Borrar (igualdad).

Elementos: Mental: (Conciencia humana), Pasado: (Tiempo), Datos: (Sabiduría), Actuar: (Elección), Dirección: (Cambio), Individual: (Visión del mundo), Real: (Memoria), Identidad: (Función humana), Estructura: (Naturaleza), Derecho: (Cuántica), Intención: (Mensaje), Recepción: (Secuencia de procesamiento de datos), Negar: (Sistema cerrado), Admitir: (Sistema abierto), Borrar: (Transformación).

La pregunta principal es Qué

La ubicación en la curva S es la fase de normalización.

Preguntas sobre el QUÉ de la visión del mundo:

¿Qué parte de su pasado le ayudó a decidir esta meta o deseo?

¿Qué significado tiene esta meta o deseo para el mundo tal como usted lo ve?

¿Qué pensamientos y acciones para completar esta meta son correctos para el mundo?

¿Cuál es su intención para el mundo con respecto a su meta o deseo?

Preguntas sobre el QUÉ de la visión de sí mismo:

¿Qué valor le otorga usted personalmente a esta meta o deseo?

¿Qué decisiones correctas toma que ayudan a alcanzar esta meta o deseo?

¿Qué ha borrado de su pasado que le haya ayudado a alcanzar esta meta o deseo?

¿Qué hay en esta meta o deseo que muestra su individualidad e identidad?

Motivador de la vista:

Basado en lo que se ve a través de este sentido. La pregunta principal es por qué, (razones, ideas, conceptos) Meta mayor: Borrar (diferencia).

Elementos: Mental: (Conciencia humana), Pasado: (Tiempo), Datos: (Sabiduría), Actuar: (Elección), Dirección: (Cambio), Individual: (Visión del mundo), Real: (Memoria), Identidad: (Función humana), Estructura: (Naturaleza), Incorrecto: (Cuántica), Intención: (Mensaje), Recepción: (Secuencia de procesamiento de datos), Negar: (Sistema cerrado), Admitir: (Sistema abierto), Borrar: (Transformación).

La pregunta principal es ¿Por qué?

La ubicación en la Curva S es la Fase de Cumplimiento.

Preguntas del PORQUÉ de la visión del mundo:

¿Por qué esta meta es capaz de ser cumplida por usted?

¿Por qué este objetivo habla de su identidad?

¿Por qué los demás también se beneficiarán del cumplimiento de esta meta?

¿Por qué los demás obtendrán mayores ideas y razones al cumplir esta meta?

Preguntas sobre el PORQUÉ de la visión de sí mismo:

¿Por qué es capaz de cumplir esta meta?

¿Por qué esta meta es real para usted?

¿Por qué se borrarán algunas ideas y razones que pueda tener cuando cumpla esta meta?

Tiene un gran poder para cumplir esta meta, ¿por qué?

Motivador del tacto:

Basado en cualquier cosa que se sienta a través de este sentido: La pregunta principal es ¿Quién? (Relaciones, la forma en que las cosas se relacionan entre sí), Meta Mayor: Distorsionar (Amplificación),

Elementos: Emociones: (Conciencia humana), Presente: (Tiempo), Información: (Sabiduría), No Acción: (Elección), Pregunta: (Cambio), Familia: (Visión del mundo), Vicario: (Memoria), Comunicación: (Función humana), Patrones: (Naturaleza), Dios: (Cuántica), Contenido: (Mensaje), Almacenamiento: (Secuencia de procesamiento de datos), Rechazar: (Sistema cerrado), Aceptar: (Sistema abierto), Insertar: (Transformación).

La pregunta principal es ¿Quién?

La ubicación en la curva S es el cumplimiento

Preguntas sobre el QUIÉN de la visión del mundo:

¿A quién se refiere este objetivo o deseo en su mundo?

Hay muchas preguntas y mucha información que se obtiene de este objetivo o deseo, ¿Quién obtiene esto?

Si este objetivo se cumple, se requiere poca o ninguna acción, ¿Qué sentimientos trae esto a su mente?

Esta meta o deseo representa hasta cierto punto a Dios en el mundo ¿tienes información al respecto?

Preguntas sobre el QUIÉN de la visión de sí mismo:

¿Quién eres tú para cumplir esta meta?

¿Quién es usted para tener el poder y el propósito de cumplir esta meta?

¿Quién lo motiva más a seguir aceptando cumplir esta meta?

¿Quién va a ser aún más cuando se complete esta meta?

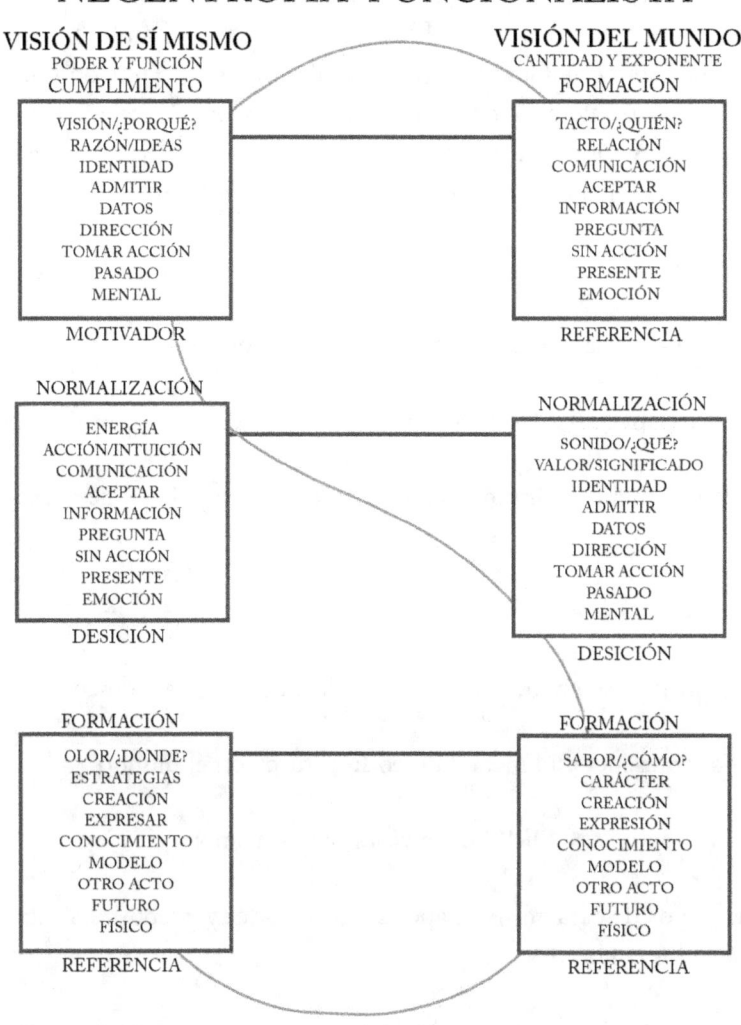

FUNCIONALISTA

Referencia del Gusto:

Basado en todo lo experimentado por este sentido: La pregunta principal es cómo. (Creer en el carácter, identificar el carácter), Meta Mayor: Generalizar (diferencia),

Elementos: Físicos: (Conciencia humana), Futuro: (Tiempo), Conocimiento: (Sabiduría), Que otros actúen: (Elección), Modelado: (Cambio), Sociedad: (Visión del mundo), Genética: (Memoria), Creación: (Función humana), Procesos: (Naturaleza), Vida: (Cuántica), Contexto: (Mensaje), Transmitir: (Secuencia de procesamiento de datos), Reprimir: (Sistema cerrado), Expresar: (Sistema abierto), Permutar: (Transformación).

La pregunta principal es ¿Cómo?

La ubicación en la curva S es la fase de formación.

Preguntas sobre el CÓMO de la visión del mundo:

¿Cómo se beneficia el mundo en general de este objetivo o deseo?

¿Cómo cree que los rasgos de carácter del mundo se transforman con esta meta o deseo?

¿Cómo influye su conocimiento y su vida en esta meta o deseo?

¿Cómo representa esta meta o deseo su futuro con el mundo?

Preguntas sobre el CÓMO de la visión de sí mismo:

Tiene rasgos de carácter para aportar gran poder y propósito a esta meta o deseo, ¿los conoce?

Tiene un gran conocimiento, incluso sabiduría, para lograr esta meta o deseo, ¿los conoce?

Tiene rasgos dentro de sus genes para lograr esta meta o deseo ¿los conoce?

Usted creó personalmente el propósito de esta meta o deseo, ¿cómo lo hizo?

Referencia olfativa:

Basado en lo que se huele a través de este sentido. La pregunta principal es dónde. (Estrategias) Meta mayor:: Generalizar (igualdad).

Elementos: Físico: (Conciencia humana), Futuro: (Tiempo), Conocimiento: (Sabiduría), Que otros actúen: (Elección), Modelado: (Cambio), Sociedad: (Visión del mundo), Genética: (Memoria), Creación: (Función humana), Procesos: (Naturaleza), Muerte: (Cuántica), Contexto: (Mensaje), Transmitir: (Secuencia de procesamiento de datos), Reprimir: (Sistema cerrado), Expresar: (Sistema abierto), Permutar: (Transformación).

La pregunta principal es ¿Dónde?

La ubicación en la curva S es la fase de formación.

Preguntas sobre el DÓNDE de la visión del mundo:

¿Dónde ha estado en su vida que usted es capaz de hacer esta meta o deseo?

¿Dónde esta meta o deseo comparte su conocimiento con el mundo?

¿Dónde puede esta meta o deseo ayudar a transformar el mundo y para qué?

¿Dónde van a actuar otros para ayudar a formar esta meta o deseo?

Preguntas sobre el DÓNDE de la visión de sí mismo:

¿Dónde se encontrará usted personalmente al realizar esta meta o deseo?

¿Dónde crea esta meta una vida que mereces?

Tiene poder y propósito en relación con esta meta o deseo, ¿los conoce?

Hacer esta meta o deseo puede transformarlo personalmente, ¿conoce las formas en que puede hacerlo?

Decisión de sonido:

Basada en cualquier cosa que se escuche a través de este sentido, ya sea ambiental o interno, como los pensamientos: La pregunta principal es qué. (Valores, Ética, Sentido) Meta Mayor: Borrar (igualdad).

Elementos: Mental: (Conciencia humana), Pasado: (Tiempo), Datos: (Sabiduría), Actuar: (Elección), Dirección: (Cambio), Individual: (Visión del mundo), Real: (Memoria), Identidad: (Función humana), Estructura: (Naturaleza), Derecho: (Cuántica), Intención: (Mensaje), Recepción: (Secuencia de procesamiento de datos), Negar: (Sistema cerrado), Admitir: (Sistema abierto), Borrar: (Transformación).

La cuestión principal es qué

La ubicación en la curva S es la fase de normalización.

Preguntas sobre el QUÉ de la visión del mundo:

¿Qué parte de su pasado lo ayudó a decidir esta meta o deseo?

¿Qué significado tiene esta meta o deseo para el mundo tal como usted lo ve?

¿Qué pensamientos y acciones para completar esta meta son correctos para el mundo?

¿Cuál es su intención para el mundo con respecto a su meta o deseo?

Preguntas sobre el QUÉ de la visión de sí mismo:

¿Qué valor le otorga usted personalmente a esta meta o deseo?

¿Qué decisiones correctas toma que ayudan a alcanzar esta meta o deseo?

¿Qué ha borrado de su pasado que le ayudó a alcanzar esta meta o deseo?

¿Qué hay en esta meta o deseo que muestra su individualidad e identidad?

Decisión de energía:

Basada en las acciones en el entorno y en tu interior, también en las intuiciones que tienes. La pregunta principal es cuál. (Acción, Intuición) Meta mayor: Distorsionar (disminuir).

Elementos: Emociones: (Conciencia humana), Presente: (Tiempo), Información: (Sabiduría), No Acción: (Elección), Pregunta: (Cambio), Familia: (Visión del mundo), Vicario: (Memoria), Comunicación: (Función humana), Patrones: (Naturaleza), Yo: (Cuántica), Contenido: (Mensaje), Almacenamiento: (Secuencia de procesamiento de datos), Rechazar: (Sistema cerrado), Aceptar: (Sistema abierto), Insertar: (Transformación).

La pregunta principal es ¿Cuál?

La ubicación en la curva S es la fase de normalización.

Preguntas sobre el CUÁL de la visión del mundo:

¿Qué acciones e intuiciones ha observado que le han hecho decidirse por este objetivo?

¿Qué información está disponible para que usted logre esta meta?

Hay un potencial ilimitado para alcanzar esta meta o deseo en su presente ¿conoce las cosas que debe insertar para ayudarle a alcanzar esta meta?

¿Es usted parte de la visión del mundo para esta meta, conoce su papel en esto?

Preguntas sobre el CUÁL de la visión de sí mismo:

¿Qué partes de usted en el presente tienen el poder de alcanzar esta meta o deseo?

¿Qué partes de usted tienen el propósito para esta meta o deseo?

¿Tiene muchos datos almacenados para alcanzar esta meta, tiene acceso a ellos ahora?

¿Tiene intuiciones actualmente para ayudar a alcanzar esta meta, las conoce ahora?

Motivador del tacto:

Basado en cualquier cosa que se sienta a través de este sentido: La pregunta principal es ¿Quién? (Relaciones, la forma en que las cosas se relacionan entre sí), Meta Mayor: Distorsionar (Amplificación).

Elementos: Emociones: (Conciencia humana), Presente: (Tiempo), Información: (Sabiduría), No Acción: (Elección), Pregunta: (Cambio), Familia: (Visión del mundo), Vicario: (Memoria), Comunicación: (Función humana), Patrones: (Naturaleza), Dios: (Cuántica), Contenido: (Mensaje), Almacenamiento: (Secuencia de procesamiento de datos), Rechazar: (Sistema cerrado), Aceptar: (Sistema abierto), Insertar: (Transformación).

La pregunta principal es ¿Quién?

La ubicación en la Curva S es el Cumplimiento.

Preguntas sobre el QUIÉN de la visión del mundo:

¿A quién se refiere este objetivo o deseo en su mundo?

Hay muchas preguntas y mucha información que se obtiene de esta meta o deseo, ¿Quién obtiene esto?

Si este objetivo se cumple, se requiere poca o ninguna acción, ¿Qué sentimientos trae esto a la mente?

Esta meta o deseo representa hasta cierto punto a Dios en el mundo ¿tiene usted información sobre esto?

Preguntas sobre el QUIÉN de la visión de sí mismo:

¿Quién es usted para ser la persona que cumple esta meta?

¿Quién es usted para tener el poder y el propósito de cumplir esta meta?

¿Quién lo motiva más a seguir aceptando cumplir esta meta?

¿Quién va a ser más cuando se cumpla esta meta?

Motivador de la vista:

Basado en lo que se ve a través de este sentido. La pregunta principal es por qué, (razones, ideas, conceptos) Meta mayor: Borrar (diferencia),

Elementos: Mental: (Conciencia humana), Pasado: (Tiempo), Datos: (Sabiduría), Actuar: (Elección), Dirección: (Cambio), Individual: (Visión del mundo), Real: (Memoria), Identidad: (Función humana), Estructura: (Naturaleza), Incorrecto: (Cuántica), Intención: (Mensaje), Recepción: (Secuencia de procesamiento de datos), Negar: (Sistema cerrado), Admitir: (Sistema abierto), Borrar: (Transformación).

La pregunta principal es ¿Por qué?

La ubicación en la Curva S es la Fase de Cumplimiento.

Preguntas del PORQUÉ de la visión del mundo:

¿Por qué esta meta es capaz de ser cumplida por usted?

¿Por qué este objetivo habla de su identidad?

¿Por qué los demás también se beneficiarán del cumplimiento de esta meta?

¿Por qué los demás obtendrán mayores ideas y razones si usted cumple esta meta?

Preguntas sobre el PORQUÉ de la visión de sí mismo:

¿Por qué es capaz de cumplir esta meta?

¿Por qué esta meta es real para usted?

¿Por qué algunas ideas y razones que usted podría tener se borrarán cuando cumpla esta meta?

Tiene un gran poder para cumplir esta meta, ¿por qué?

Tarea para el capítulo 11

Escuche su propio lenguaje y fíjese en las palabras o frases que utiliza cuando habla de sus metas, sueños y deseos, así como de sus anomalías. Lleve un registro de sus frases de tiempo y acéptelas tal y como salen y haga nuevas elecciones para, al menos, utilizar frases de palabras que representen el tiempo en el que le gustaría que estuvieran. Lleve un diario de esto.

Capítulo 12

SÁNESE A SÍ MISMO

El Desorden y la Incertidumbre (Anomalías) se relacionan directamente con el Funcionamiento, a pesar de que la Energía que lo causa ha existido desde la Fase de Formación. La Función está directamente relacionada con la Fase de Cumplimiento o de Éxito.

Teoría: La Energía no disponible que causa el Desorden/Incertidumbre (anomalías, tanto similares como desviadas) desde la Fase de Formación pertenece al Cumplimiento final de la Fase de Éxito de todo el sistema.

¿Qué potencial de formación había para la fase de cumplimiento/éxito del sistema?

Formación: Dar una forma particular; dar forma o moldear en un estado determinado o según un modelo particular.

Modelar: mediante la instrucción y la disciplina, un elemento esencial o básico para llegar a existir.

Forma: La forma, la estructura de algo a diferencia de su material. La naturaleza esencial de una cosa a diferencia de su materia, como una Idea; el componente de una cosa que determina su tipo, un método establecido de expresión o procedimiento, el procedimiento según la regla. Forma de la materia, molde.

Norma: Norma autorizada, Principio de acción que sirve para guiar y regular una conducta, Patrones, prácticas generalizadas, medidas y métrica adecuados y aceptables.

Cumplir: Hacer realidad, poner en práctica, Ejecutar, cumplir los requisitos necesarios, llevar a su fin, convertir en Realidad, desarrollar todas las Potencialidades necesarias, realizar, lograr y alcanzar.

Efecto, Propósito, significado, con sentido, la esencia sigue un curso. Poder para superar las influencias resistentes y realizar. En esencia, realizar es el motivo de; llevar a cabo. Poner en su lugar en una posición o relación específica o llevar a un estado o condición específica. Dedicar (uno mismo) a una actividad específica, causar, y realizar una acción, expresar un estado, aplicar, asignar, poner en movimiento, colocar una oposición.

Realidad: Cualidad o estado de ser Real. Totalidad de las cosas y de los acontecimientos, no derivado ni dependiente sino que existe necesariamente. Estado de existir realmente.

Convertir en Realidad y llevar de "creo" a la naturaleza física. Cambiar Función a otra para su utilización más afectiva.

Transformar Desarrollar Completamente

Ejecutar: Realizar plenamente, hacer todo lo previsto y requerido. Llevar a cabo el diseño y realizar lo que se requiere para dar validez, realizar, implementar y llevar a cabo la acción.

Desarrollar - Completo - Potencial: Exponer; aclarar con detalles, hacer visible, trabajar en las capacidades y producir con un esfuerzo deliberado durante un periodo de tiempo. Hacer activo, promover el crecimiento, hacer accesible y posible, proporcionar más oportunidades de crecimiento efectivo mediante cambios sucesivos. Convertirse gradualmente, manifestarse en el ser y en el desarrollo. Antónimos; comprimir, obstaculizar.

No disponible No reconocido, Incapacitado E (Energía) Diferencia de potencial para poner en efecto, para Ejecutar para "convertir en "Realidad" para "Desarrollar" las potencialidades completas desde la Fase de Formación y ya dentro del Sistema mismo desde la Formación.

La Uniformidad Inerte es el propósito del Ciclo de Entropía. El Desorden y la Incertidumbre traen la Uniformidad Inerte.

Desorden: Perturbar las Funciones regulares o normales de cualquier sistema. Alterar un sistema, un estado de cosas que se han mezclado. Confusión: Hacer el desorden. Las cosas se desordenan. Que no avancen. Entropía/ Plomada. Antónimo; Negentropía.

Incertidumbre; cualidad o estado de ser incierto.

Duda, escepticismo, sospecha, desconfianza: Falta de seguridad sobre alguien o algo. La incertidumbre puede ir desde la falta de certeza hasta la falta casi total de convicción o conocimiento, especialmente sobre un resultado. La duda sugiere incertidumbre e incapacidad para tomar una decisión. El escepticismo es la falta de voluntad de creer sin pruebas concluyentes. La sospecha destaca la falta de fe en la verdad, la realidad, la imparcialidad o la fiabilidad de algo o alguien. La desconfianza implica una duda genuina basada en la sospecha. Antónimo; Certeza, Determinismo.

Las anomalías que usted experimenta en la vida son un reflejo directo de sus propias fuerzas interiores que aún no ha reconocido y entrenado.

¿Cansado de los cambios interminables? Aprenda el Cambio Sistémico. Aprenda el Cambio de Transformación y el cambio Exponencial imprevisible.

Hacer cambios en 1 o 2 comportamientos, cambiando una creencia significativa, o un punto de elección es importante pero en definitiva no tiene fin. La Visión del Mundo que desarrolla estos comportamientos y actitudes lo mantiene reciclándose a través de interminables capas de patrones disfuncionales.

Aprenda a cambiar el Sistema para Transformar y lograr un Cambio Exponencial Impredecible. Haga un Cambio a Nivel de Identidad y Cambie toda su Visión del Mundo. Lograr ser Impredecible.

Imprevisibilidad: Aclimatado, no alcanzado, no reconocido, no actuado, no adaptado, no abordado, no admirado y no temido. Incapacidad de previsión; CAMBIABILIDAD.

Sistémico: Relativo o común a un Sistema, como el que afecta a todo el sistema. Ejemplo: Abastecer a las partes del cuerpo que reciben sangre a través de la aorta y no de las arterias pulmonares.

Exponente" de Éxito/Cantidad: Expresión simbolizada de la operación de capacidad de ascenso a la Potencia. Potencia Función "Exponencial", relativa al Exponente. Se expresa mediante una Función exponencial, caracterizada por un aumento extremadamente rápido de tamaño o extensión, o siendo así. Aumentar rápidamente, disparándose.

Operación matemática de elevar una cantidad a una potencia. También llamada "Involución".

Involución: El acto o un caso de envolver o enredar (Involución). Exponencial, complejidad: Una curvatura o penetración hacia el interior.

El Poder y la Función de la Visión de sí mismo se relacionan directamente con la Cantidad y el Exponente de la visión del Mundo y hacen una curva hacia adentro en el lado del Éxito del Ciclo de Entropía. El Exponente no se identifica sin la Función Exponencial de la Visión de Sí Mismo.

Hoy en día el Cambio, en sí mismo ha Cambiado. Esto ha puesto nuestras vidas en confusión. Afrontar todos los cambios de la vida en sí misma se ha convertido en un reto tan grande que nos hemos perdido incluso al afrontar el cambio.

¿Por qué hay siempre una carga uniforme? ¿A cualquier éxito? Esto sucede porque todos los actos, procesos o instancias tienen límites en su origen o comienzo. El origen implica (se aplica) a las cosas o personas de las que algo se deriva en última instancia y, a menudo, a la causa que opera antes de que la cosa misma llegara a existir. El término "inicio" destaca el comienzo de algo sin implicar una causa.

"Raíz" sugiere una fuente inicial, última o fundamental que a menudo no es fácil de discernir.

Para transformar hay que cambiar la función. Al cambiar la Función se logra el Desorden Discontinuo.

Discontinuo: No continuo, no continuado, carente de secuencia o coherencia, usado de una variable o una Función.

Desorden: Alterar el orden de, alterar la Función regular o normal.

Entropía: Medida de la Energía no disponible en un sistema cerrado que también suele considerarse como una medida del desorden del sistema, que es una propiedad del estado del sistema, y que varía directamente con cualquier cambio reversible en el sistema, e inversamente con la temperatura del sistema. El grado de desorden o incertidumbre de un sistema.

Anomalía: Desviación de la regla común. Irregular, inusual, incongruente o contradictorio. Las anomalías son desviaciones difíciles de clasificar dentro de un sistema determinado. Anomalías; el ciclo de la entropía crea la oportunidad de cambios sistémicos. Esto se llama Cambio de Segundo Orden. El cambio de segundo orden es un cambio exponencial transformador e imprevisible.

MATEMÁTICAS

E por 10, elevado a un exponente indicado.

N, símbolo no especificado como exponente.

El ciclo de la entropía designado por la letra "S". Este ciclo siempre se ha considerado como un simple hecho "y así es", como solía afirmar Walter

Cronkite. Esto no es así, una vez que entendemos una cosa; también podemos superar dicha cosa. El ciclo de la Entropía de la Teoría de la Transformación Humana Holográfica afirma que la Entropía es uno de los Modelos de Transformación. Para transformar una cosa, se debe entender realmente lo micro y lo macro como una sola cosa. Usted debe entender la Función de cada aspecto micro en lo que respecta a la Función del macro (propósito completo).

La Entropía desde una percepción de Transformación representa el éxito continuo, la progresión.

La Teoría de la Transformación Humana Holográfica afirma que la transformación del ciclo de Entropía trae consigo el Desorden Discontinuo y la Incertidumbre Discontinua. La Teoría de la Transformación Humana Holográfica afirma que una vez que toda la Energía no disponible, no calificada y no reconocida (diferencia potencial) es reconocida, calificada y disponible dentro del sistema para su Función en él, comienza una Entropía completamente nueva para el éxito continuo. Comienza una Entropía totalmente nueva para el éxito continuo, la progresión y el crecimiento con una Función (propósito) totalmente nueva, con nuevas diferencias de Potencial. Crecimiento continuo, potencial continuo. Desorden e Incertidumbre en nuestras vidas siendo Discontinuos en lugar de Continuos. Nuevos Comienzos para nuestro crecimiento continuado Sólo apareciendo en nuestras vidas a medida que avanzamos.

La razón de esto es que entendemos el Desorden y la Incertidumbre a medida que crecemos y progresamos. Reconocemos que proviene de nuestro propio sistema y que tiene un propósito vital de diferencia potencial para el éxito dentro del sistema. Somos capaces de conocer el área dentro de nosotros donde reside la diferencia Potencial, y tenemos un mapa o guía para ayudarnos a ver esto claramente en un nivel consciente.

El Mapa Holográfico de la Transformación Humana, que es el Mapa de nuestras propias Micro y Macro Funciones para nuestro propio Propósito Completo, colocado en la curva S, el Ciclo de Entropía, en nuestro orden de activación individual a través de nuestros sentidos, muestra el sentido específico en el que se encuentra la energía no disponible, la no cualificada. De nuevo, se trata de un potencial real dentro del propio sistema. Esta energía real tiene una función real dentro del sistema, dentro de nosotros mismos. Esta Energía no desaparece ni se desvanece. Es (el Ser) una Energía continua y continuará haciendo todo para lo que está entrenada o capacitada, para conseguir que el Macro, el Sistema Completo, el Ser Completo, la reconozca. Por supuesto, no está entrenado, ni capacitado en cuanto a cuál es su Función. Lo negativo saldrá a la luz. Esto sucederá hasta que el Macro, Usted, lo reconozca y reconozca la Diferencia Potencial dentro de usted. Entonces, Usted cambia, sus funciones y su propósito cambian.

Los primeros 3 sentidos activados son sus creencias de la visión del mundo. Los 3 últimos sentidos que se activan son las creencias de su propia visión. Sus Creencias de la Visión Propia deben cambiar para que éstas dejen de reciclarse a través de sus patrones disfuncionales. Su Visión del Mundo y sus Creencias de la Visión de Sí Mismo deben trabajar en paralelo entre sí, resolviendo juntos sus propios Desórdenes e Incertidumbres.

El 50% de los Datos que tiene el subconsciente para crear nuestros Modelos, Programas, nuestra Personalidad, Identidad y Creencias no son más que datos sensoriales, basados en nuestros sentidos de la Vista, el Sonido, la Energía, el Tacto, el Olfato y el Gusto. Estos son los datos que el subconsciente tiene y utiliza para procesar y armar nuestra estructura automática subconsciente, patrones y procesos.

Escuchar la visión del mundo de otra persona (que mantiene el reciclaje de la visión del yo a través de patrones disfuncionales), no cambia la visión del mundo (ni la visión del yo). Puede reconfortar a una persona en el momento de "expresarlo", escuchar palabras amables a cambio, pero en última instancia será un proceso interminable de capa sobre capa de patrones disfuncionales del Yo.

La visión del Yo es el "Poder y la Función Exponencial de la Visión del Mundo".

Proceso/Técnica; Crear un proceso de cuestionamiento a partir de las vistas del Ser "relacionando" el Sentido, para utilizarlo en respuesta a su "Visión del Mundo" Exponencial. Basado en el orden de activación sensorial de un individuo, los diferentes sentidos y sus modelos y programas, crearemos diferentes visiones del Mundo y del Ser. Como la Función del Ciclo de Entropía, con la visión del Mundo y la Visión del Ser no reconociéndose la una a la otra, seguimos desplomándonos, aunque podamos tener éxito.

Es cierto que la vida tiene altibajos. No es cierto que los seres vivos inteligentes no tengan nada que decir, ni que afecten a los altibajos de la vida.

Ni la humanidad ni la inteligencia son un ciclo de entropía. Diferentes teorías plantean conceptos diferentes. Sin embargo, el único hecho conocido es éste: Los seres humanos inteligentes vivos es todo lo que hemos conocido. De hecho, siempre hemos sabido que venimos de esta tierra. Incluso los tubos de ensayo se remontan a nosotros.

Los sistemas hechos por el hombre, como Wal-Mart o McDonalds, han sobrevivido a la caída en picado del ciclo de la Entropía, ciertamente la humanidad, ya sea como individuos o como un todo, también puede sobrevivir a esta caída en picado de la Entropía.

Tarea para el capítulo 12

Vuelva al primer capítulo de este libro de trabajo y continúe leyendo y haciendo las tareas según el capítulo. La vida continúa y nunca se detendrá el camino de tu vida y del mundo. Conociéndose y sanándose a sí mismo, puede continuar transformándose en la vida, lanzándose hacia sus metas y sueños y deseos a pesar de todos los desafíos de su vida.

Para obtener información sobre otros libros, materiales, conferencias, formaciones o el boletín informativo, contacta con Janey Marvin en thejaneymarvin@gmail.com

www.ingramcontent.com/pod-product-compliance
Lightning Source LLC
LaVergne TN
LVHW021712060526
838200LV00050B/2626